황송문 에세이

샘도랑집 바우

마당

샘도랑집 바우

초판 인쇄	2025년 05월 10일
초판 발행	2025년 05월 16일
지은이	황송문
펴낸이	조태현
펴낸곳	마당
우편번호	03115
주소	서울시 종로구 종로66길 20 계명빌딩 502호
전화	02_762_2113
팩스	02_745_9921
등록	1977-000016
ISBN	979-11-91571-42-4-03810

ⓒ 2025, 마당

※ 값은 표지 뒷면에 표시되어 있습니다.
※ 잘못된 책은 구입처에서 교환해 드립니다.

머리말

첫 수필집 『사랑의 이름으로 바람의 이름으로』를 상재한 게 1987년이고, 두 번째 수필집 『사랑의 쉼표와 마침표』와 1991년이며, 세 번째 수필집 『그리움의 술 기다림의 잔』을 펴낸 게 1995년이다. 그러고 보니 초기에는 4년 터울로 수필집을 출간한 셈이다.

세월이 많이 흘렀다. 그동안 주로 시를 써왔고, 대학에 몸 담은 동안 논저를 저술하느라고 수필을 모아서 책을 낼 겨를이 없었다. 오랜만에 또 한 권의 수필집을 출간하게 되었다.

수필집은 포멀 에세이와 인포멀 에세이로 가름할 수 있겠다. 포멀 에세이가 객관적 사회적 내용이라면, 인포멀 에세이는 주관적 정서적 내용이라 하겠다. 포멀 에세이가 비교적 무거운 느낌을 주는 중수필重隨筆과 딱딱한 느낌을 주는 경수필硬隨筆의 성격을 띤다면, 인포멀 에세이는 비교적 가벼운 느낌을 주는 경수필輕隨筆, 그리고 부드러운 느낌을 주는 연수필軟隨筆로 가름하게 된다.

formal essay는 '나'가 드러나 있지 않으면서 보편적 논리나 이성으로써 짜여져 있는 사색적이요 지적인 문장이라면, informal essay는 '나'가 드러나 있으면서 개인의 감정이나 심리 등이 중심이 되어 짜여져 있는 정서적이요 시적인 문장의 성격을 띤다 하겠다.

수필은 누구나 쓸 수 있는 문예 장르이면서도 빼어나게 잘 쓰기란 어려운 장르에 속한다. 따라서 좋은 수필을 쓰고자 하는 독자에게는 반드시 새겨야 할 말이 있다. 그것은 수필의 소재는 신변잡사일 수 있으나 신변잡기에 그쳐서는 안 된다는 점이다. 결말로 매듭을 짓기 전에 자기 나름대로의 인생에 대한 새로운 해석이 주어져야 한다는 점을 놓쳐서는 안 된다. 주제와 관련된 제재로서의 새로운 의미가 주어지게 될 때 수필의 묘미가 살아나게 되기 때문이다.

이 책을 읽게 될 독자를 염두에 두다 보니 본의 아니게 헛소리를 하게 되었다. 독자에 향하는 나의 충정이라 할까 애정으로 여겨주면 좋겠다. 이 두 권의 책에 있어서 포멀과 인포멀이 무 자르듯 그렇게 확연하게 가를 수는 없다. 대체적으로 그렇게 나누었음을 독자 제현께서는 해량하여 주시기 바란다.

또한 이 글은 20여 년 동안 쓰여진 글이라서 시사성이 떨어지는 경우도 보인다. 강산이 두 번이나 바뀌었기 때문에 정치, 경제, 사회 등의 변천에 의해서 삶의 패턴이 달라졌기 때문이다. 그래서 현재의 상식에 맞도록 첨삭하려다가 그대로 두기로 했다. 앞으로 시간이 흐르면 이 글도 의미가 있겠다고 여겨지기 때문이다.

    출판이 어려운 때 기꺼이 상재해 주신 마당출판사 조태현 대표님께 마음 깊이 사의를 표한다.

2025년 3월 20일
용마산방에서 황송문

차례

제1장 모기장과 밤하늘과 반딧불

샘도랑집 바우	············ 15
까치밥 정경情景	············ 23
릴케의 가을날	············ 27
대장장이의 꿈	············ 31
입추立秋	············ 34
달밤과 가락과 농주	············ 37
도연명의 가을날	············ 41
가을 풍경	············ 44
모기장과 밤하늘과 반딧불	············ 47
달밤의 노래	············ 50
씨나락 까먹는 소리	············ 55
가을 연주演奏	············ 59
우렁이 설화	············ 62

행운유수 行雲流水	············ 64
팔싸리	············ 69
가을에 잃어버린 것들	············ 74

제2장 여름날의 추억

장미꽃과 찔레꽃	·········· 81
연변 백양나무	·········· 86
보리누름	·········· 90
생울타리 풍속도	·········· 93
장독대 풍경	·········· 97
여름날의 추억	·········· 100
조약돌의 노래	·········· 105
마음의 장난	·········· 109
누에의 똥과 활자의 똥	·········· 113
야자 타임	·········· 117
선물과 뇌물	·········· 122
연탄 사상	·········· 128
이유 없는 미움	·········· 135

제3장 마음 비우기

청보리밭 연주회	············ 141
우렁이	············ 147
고향의 봄	············ 151
건널목에서	············ 160
엉클 톰의 목화밭	············ 169
마음 비우기	············ 177
감잎이 지는 소리	············ 185
정신 춘궁기	············ 190
죽어야 산다	············ 194
이인삼각과 모래밥	············ 198
이상적인 부부	············ 205
가을의 기도	············ 209
페치카와 러브레터	············ 212
참새와 까마귀說	············ 218
약손	············ 223
돈의 신	············ 228

제4장 봄은 왔는데 산과 들은

별이 빛나는 밤에 ············ 237
나를 채우게 하소서 ············ 243
밥 ············ 248
봄은 왔는데 산과 들은 ············ 253
미꾸라지 춤 ············ 257
여자를 찾습니다 ············ 263
우울한 귀향 ············ 268
마음의 밭 ············ 273
초가 고향 ············ 280
우감偶感 ············ 283
설악의 밤 물소리 ············ 288
아버지 수염 ············ 296
첫눈이 내릴 때 ············ 302
칼로 물 베기 ············ 307
멋있는 사람 ············ 312
귤밭 울타리처럼 ············ 320
서울 귀뚜라미 ············ 323

제5장 눈꽃 속에 꽃피리

삼동三冬 가시나무 꽃	············ 331
편안함을 주는 어머니	············ 334
병아리와 닭의 상징적 의미	············ 337
안개	············ 340
염소	············ 349
내 고향 오수	············ 357
선인봉에 오르는 달	············ 360
나의 아버지와 나라님	············ 366
페치카 당번병	············ 371
웃기네	············ 377
내가 보기에는	············ 382

제1장

모기장과 밤하늘과 반딧불

샘도랑집 바우

우리 마을 황 노인 집 우물은 여름마다 생수가 솟았다. 우물 옆구리에서 다량으로 솟아 나온 생수가 향나무 울타리 사이 미나리꽝으로 해서 과수원 쪽으로 흘렀다. 그 물은 이가 덜덜 떨리도록 시리고 맑았기 때문에 동네 여인들로부터 각별한 사랑을 받게 되었다. 여인들은 그 샘도랑에서 채소를 씻는가 하면, 인적이 뜸한 밤에는 목욕을 하였다. 그 당시 농경사회의 여인들은 여름 볕에 땀을 흘리며 밭일을 했기 때문에 밤이면 그 시원한 샘도랑에서 목욕하는 게 낙이었다.

우리들 또래의 조무래기들이 마을의 마지막 끝집인 그

황 노인 집을 지나서 반딧불을 잡으려고 들녘으로 나갔다. 병에다 반딧불을 잡아들고 귀가할 때면 여인들이 그 샘도랑에서 목욕하였다. 집으로 가려면 그 샘도랑 앞을 지나쳐야만 했다. 우리들은 그 앞을 지나가지 못하고 언덕바지 한쪽에서 목욕이 끝나기를 기다리기로 했다. 한동안 어둠 속에서도 아슴푸레하게 전개되는 그 곡선의 시야를 즐기고 있었다. 여인의 비눗물 같은 흰 구름, 아니 새털구름이라고 할까 조개구름이라고 해야 할까 밤하늘의 신비로운 구름 사이로 비치는 달빛에 여인들의 그 곡선의 나상을 훔쳐보곤 했다.

달님이 구름 속으로 들어가면 그게 나올 때까지 기다리는 것이었다. 그래도 저만치 어둠 속에서 바라보기 때문에 자세히는 볼 수 없었다. 그저 어둠 속에서도 약간의 아슴푸레한 곡선과 물 떨어지는 소리, "아유, 차가워!" 하며 외마디 소리를 내지르는 여인들의 목소리 등이 이제 갓 숫기가 생길락 말락 한 우리들의 호기심을 자극하기에 충분했다.

어머니가 쳐놓은 대청마루의 모기장 속에서 반딧불이 병뚜껑을 열어놓으면 그 병 속에서 기어 나온 반딧불이들이 모기장 여기저기에 달라붙은 채 반짝이는 것이었다. 모기장은 하나의 우주였고, 반딧불은 그 우주 공간의 별나라를 떠도는 아기별이었다. 잠이 들 때까지도 말이 소용없었다. 그저 아늑하고 편안하기 만한 그 공간 속에서 밤하늘의 별나라를 가끔씩 날아다니는 반딧불에 눈을 주기만 하면 그만이었다. "엄마, 좋지?" "그래, 좋구나!" 우리들의 대화는 간결하면서도 느렸다. 급할 것이 없었다. 서두를 필요가 없었다.

가까이 가지도 않았습니다.
탐욕의 불을 켜고
바라본 일도 없습니다.

전설 속의 나무꾼처럼
옷을 숨기지도 않았습니다.

그저 그저
달님도 부끄러워
구름 속으로 숨는 밤
물소리를 들었을 뿐입니다.
죄가 있다면
그 소리 훔쳐 들은 죄밖에 없습니다.

그런데, 그런데,
그 소리는 꽃잎이 되고 향기가 되었습니다.

껍질 벗는
수밀도의 향기……
밤하늘엔 여인의 비눗물이 흘러갑니다.

아씨가 선녀로 목욕하는 밤이면
샘도랑은 온통 별밭이 되어
가슴은 미리내로 출렁이었습니다.

손목 한번 잡은 일도 없습니다.
얘기 한번 나눈 적도 없습니다.

다만 아슴푸레한 어둠 저편에서
떨어지는 물소리에
정신을 빼앗겼던 탓이올시다.
시원始原의 유두乳頭 같은
물방울이 떨어질 때마다
머리카락으로 목덜미로 유방으로 허리로
그리고 또……
곡선의 시야 굼틀굼틀

어루만져 보고 껴안아 보던
그 달콤한 상상의 감주(甘酒),
죄가 있다면 이것이 죄올시다.

전설 속의 나무꾼처럼
옷 하나 감추지도 못한 주제에
죄가 있다면
물소리에 끌려간 죄밖에 없습니다.

- 「샘도랑집 바우」

그 후 화가가 되지는 못했지만 마음속에는 그 여름밤의 샘도랑의 풍경을 간직하게 되었다. 창조적 상상력이 보태어져서 그 샘도랑은 어느새 시와 수필이라는 문학 장르 속에 자리 잡게 되었다. 그리고 더 나아가 음악으로까지 발전하게 되었다. 2001년 중국 연변대학에 객원교수로 가있을 때였는데, 그때 인연이 되어 그곳에서도 나의 시가 작곡이 되고 노래가 되어 불리어지게 되었다. 중국조선족 작곡가인 최연숙 작곡, 연변인민가무단 단원인 홍인철 노래로 불리어진 '샘도랑집 바우'의 변형된 가사는 다음과 같다.

몰래 가까이 가지도 않았습니다. 탐욕의 불을 켜고 본 일도 없습니다. 전설에 나오는 나무꾼처럼 날개옷을 숨기지도 않았습니다. 달님도 부끄러워 구름 속으로 숨는 밤 물소리에 끌려간 죄밖에 없습니다. (후렴) 아씨가 선녀처럼 목욕하는 밤이면 샘도랑은 은하수로 출렁입니다. (2절은 생략)

여기에 나오는 '바우'라는 인물은 지식수준은 낮지만 순박하기 그지없는 사람이다. 나무꾼이 지순하지 않으면 선녀를 만날 수 없는 이치라 하겠다. 손목 한번 잡은 적도 없는데, 목욕하는 물소리에 마음이 끌려간 그 지순한 상상의 감주에 왜 취하고 싶을까? 세상이 너무도 되바라지고 까져서 '노트르담의 꼽추'나 '벙어리 삼룡이', '바보 용칠이' 같이 순박한 인물이 그리워지기 때문이 아니겠는가.

아직 머리에 피도 안 마른 초·중생들이 파렴치한 집단 성폭행으로 타락하는가 하면, '대학 이혼'이라는 말이 공공연하게 떠돌 정도로 대학촌 원룸에서 결혼도 하지 않은 남녀학생들이 버젓이 동거하면서도 부끄러운 줄 모르는 그야말로 말세의 징조가 보이는 소돔과 고모라성 같은 세태이기 때문에 그 반동으로 인해서 지극히 순수한 순정의 샘도랑을 찾고자 하는지도 모른다.

달님이 새털구름 사이로 나오게 되면 그 샘도랑 곡선의 시야로 시선을 모은다. 사실 그게 노출되면 그저 그렇고 그럴 텐데, 세월이 흐를수록 상상이 새끼를 쳐서 아름다움을 더욱 증폭시킨다.

서울대 출신으로 성신여대 교수였던 강대운 화가가 나를 만나면 그림이 그려진다고 했다. 내 이야기에서 제재를 얻는 모양이다. 이 시는 나의 상상으로 탄생한 작품이다.

그 샘도랑에는 이 시에 나오는 그런 여인이 실제로는 없었다. 황 노인과 아버지의 친구(황원기), 그리고 나의 친구인 황계연과 황인석이 기억에 남는다. 그런데 어떻게 해서 이렇게 아름다운 시로 형상화할 수 있을까. 그것은 상상의 집짓기라 하겠다. 생산적 상상(창조적 상상)으로 아름다운 집짓기다.

이 시의 배경이 되는 공간은 샘도랑이다. 그것은 소년 시절에 보았던 시골 풍경 기억의 잔상殘像이라는 이미지를 재생하는 것으로 시작한다. 샘도랑집 바우라는 인물은 시인 자신이라고 가정할 수도 있고, 문학 작품에 나와 있는 '벙어리 삼룡이'나 '바보 용칠이', 또는 '노틀담의 꼽추' 같이 무식하지만, 순박한 인물을 창조적(생산적) 상상으로 분해하거나 결합하거나 변화시켜서 구체적으로 형상화한 것이다.

문예 창작에 관심 있는 독자를 위해서 다시금 바꾸어 말하자면 내가 무식한 사람은 아니지만 시 작품 생산을 위해서 심리적으로는 주인공 화자처럼 무식하지만, 순박한 인물의 심리 상태가 되어서 지극히 순수한 정감을 표현한 것이다.

이 시에는 우언적인 요소가 있다. 이 시의 결구는 "물소리에 끌려간 죄밖에 없습니다."라고 시침을 뚝 뗀다. 소도둑이 자기는 길에서 소의 끈을 잡았을 뿐이라고 하듯이, 물소리에 끌려간 죄밖에 없다고 시침을 뗀다. 이 아이러니가 재미있다. 이런 게 정서를 순화하는 순수문학 예술이라 하겠다.

까치밥 정경情景

　　늦가을 서리 내린 뒤에야 감나무에 매달린 감은 비로소 홍시紅柿가 된다. 그 말랑말랑하게 익은 홍시를 할아버지가 헝겊 주머니가 달린 장대로 따주신 적이 있는데, 그게 그렇게 달고 맛있을 수가 없었다.

　　유리알처럼 파랗게 갠 하늘에 진분홍 색깔의 홍시가 매달려 있는 정경이란 그렇게 아름다울 수가 없다. 봄과 여름을 거쳐오는 동안에 떫은 기는 다 빠지고 단맛만이 울어난 홍시란 인생에 비유하면 달관의 경지에 이른 성인이나 선인, 도인에 해당된다하겠다.

　　떫은 감이라야 홍시가 된다. 단감은 홍시가 되지 않는다.

인생도 떫은 감이 그 여름날의 비바람에 견디어내는 풍상을 겪어낸 연후에야 단맛이 들듯이, 인생도 역시 만고풍상을 거친 연후에 백전노장으로서의 사람다운 사람이 되는 게 아닌가 한다.

그래서 나는 문학과 인생을 논할 때는 '까치밥'이니, '간장'이니, '세탁비누' 등의 사물을 끌어들여 이야기를 깊이 해 갈 때가 있다. '까치밥'은 가을날 감을 다 따지 않고 까치가 와서 먹으라고 남겨둔 것을 말한다. 우리 조상들은 까치를 길조라 해서 집안에 불러들이려고 감을 남겨두는 습속을 지켜왔다.

'간장'이란 발효식품을 말한다. 그것은 잘 썩은(삭은) 메주와 부패를 막는 소금이 독 속에서 사시장천 뚜껑 덮인 채 춘하추동 숨죽인 채 동거해야 마지막 펄펄 끓는 사랑으로 거듭나게 된다는 진리를 암유(暗喩)하고 있다.

그렇다면 '세탁비누'는 뭔가? 세탁비누로 옷을 치대면 치댈수록, 세탁물에 가루비누를 털어 넣고 물을 부어 세탁기를 돌리면 돌릴수록 옷이 깨끗해지듯이, 문학이건 인생이건 고난을 통해서 자기를 굴리고 치대면 치댈수록 그 문학, 그 인생은 깨끗하게 빨래가 되는 까닭에 우리는 이런 성숙이나 발효, 또는 자기 아픔(고난)을 통해서 거듭난다고 하는 부활의 상징성을 교훈으로 삼는다는 얘기다. 자작시 「까치밥」은 이런 정신을 함축하고 있어서 애송하기에 주저하지 않는다.

우리 죽어 살아요
떨어지진 말고 죽은 듯이 살아요
꽃샘바람에도 떨어지지 않는 꽃잎처럼
어지러운 세상에서 떨어지지 말아요.
우리 곱게 곱게 익기로 해요
여름날의 모진 비바람을 견디어내고
금싸라기 가을볕에 단맛이 스미는
그런 성숙의 연륜대로 익기로 해요

우리 죽은 듯이 죽어 살아요
메주가 썩어서 장맛이 들고
떫은 감도 서리맞은 뒤에 맛들 듯이
우리 고난 받은 뒤에 단맛을 익혀요
정겹고 꽃답게 인생을 익혀요

목이 시린 하늘 드높이
홍시로 익어 지내다가

새 소식 가지고 오시는 까치에게
쭈구렁 바가지로 쪼아 먹히고
이듬해 새봄에 속잎이 필 때
흙 속에 묻혔다가 싹이 나는 섭리
그렇게 물 흐르듯 순애하며 살아요.

릴케의 가을날

독일의 대표적인 근대시인인 동시에 우리나라에 많은 영향을 끼친 라이너 마리아 릴케를 생각하면 제일 먼저 떠오르는 게 「가을날」이라는 시다. 내가 이 시를 처음 읽게 된 것은 중학 시절이었다. 감수성이 많은 그 시절에 나는 이 시에 매료되었던 것이다.

주여, 때가 왔습니다.
여름은 참으로 위대했습니다.
해시계 위에 당신의 그림자를 얹으십시오.
들에다 많은 바람을 놓으십시오.

릴케의 시는 이렇게 시작되는데, 나는 그 "여름은 참으로 위대했습니다"고 하는 말에 어쩐지 느껴지는 잠세어潛勢語를 만나게 된다. 우리에게 여름날이 없다면…, 그 작열하는 태양이 없다면…, 인류가 존재할 수 있겠는가? 하루도 살 수 없을 것이다. 삽시간에 인류는 멸망할 것이다. 만일 해가 없어서 이 세상이 암흑천지라면, 사람의 힘으로 발전을 일으켜서 그 전기 빛으로 이 지구상의 동식물을 생장하게 하려면 얼마나 많은 전력이 필요할까? 그렇게 해서 인류가 생존할 수 있을까? 말할 나위도 없이 불가능할 것이다. 그런데 우리는 그 위대한 햇빛, 폭포처럼 쏟아지는 햇빛을 공짜로 누리는 게 아닌가? 이 감격스런 진리를 릴케는 신앙에의 끝없는 동경으로 기도하는가 하면, 자아와 사물 사이에 차원을 달리하면서 세속적인 욕심이 없는 순수한 바람과 절대 고독, 절대 융화를 보여주었다.

마지막 과실들을 익게 하시고
이틀만 더 남국의 햇볕을 주시어
그들을 완성시켜, 마지막 단맛이
짙은 포도주 속을 스미게 하십시오.

이 시에서 우리는 릴케의 겸허한 자세를 보게 된다. 우리는 지금 어떤 세상에서 살고 있는가. 뇌물을 주고받는 자본가와 정치가, 이윤에 골몰하는 기업가와 밥그릇 챙기기에 급급한 노동자, 남북한이, 동과 서가, 날이 새고 눈만 벌어지면 싸움질인 이 세속에서 볼 수 없는 순수한 청량음료를 릴케의 시에서 맛보게 된다.

그가 신에게 간절히 바란 기원은 돈도 권세도 명예도 아니고 이틀만 더 남국의 햇볕을 주시어 포도주가 맛들게 하여 달라는 소박한 기원이었던 것이다. 나는 그 마음씨를 고스란히 가지고 싶었고, 순리대로 가질 수 없다면 훔쳐서라도 가지고 싶었다.

지금 집이 없는 사람은 이제 집을 짓지 않습니다.
지금 고독한 사람은 이후도 오래 고독하게 살아
잠자지 않고 읽고 그리고 긴 편지를 쓸 것입니다.
바람에 불려 나뭇잎이 날릴 때, 불안스러이
이리저리 가로수 길을 헤맬 것입니다.

릴케의 시 「가을날」은 우리로 하여금 겸허하게 한다. 반성하게 하고 기도하게 한다. 머리에 붉은 띠를 두르고, 마치 원수를 향하여 돌격하듯이 두 주먹을 휘두르면서 목소리 크게 내는 사람이 이기는 그런 힘의 논리가 먹혀드는 현실이 아니라, 바람에 불려 날리는 낙엽에서 신의 섭리를 읽을 수 있는 '침묵대월'을 배우게 된다.

대장장이의 꿈

　　　　　　　대장장이는 대장일을 업으로 하는 사람을 가리킨다. 야공冶工이나 야장冶匠으로 불리기도 한다. 대장장이가 대장간에서 풀무를 놓고 시우쇠를 달구어 여러 가지 연장과 도구를 만들고 벼리는 그 대장간의 풍경을 나이 든 독자들은 기억할 것이다.

　대장간 한쪽에는 여러 형태의 쇠붙이들이 쌓여 있기 마련인데, 그것들이 화덕에 들어가서 벌겋게 달구어지게 되면 대장장이에 의해서 여러 형태의 농기구로 다듬어져 나오게 된다. 대장일을 하는 딱쇠 직을 천시하여 '장이'라 불리었다.

현대에 와서는 기술이 발달하면서 대장간과 대장장이는 점차 사라지게 되어, 1970년대 이후에는 시골의 장터에서도 거의 찾아볼 수 없게 되었다. 여기에서 말하고자 하는 바는 그런 실용적인 면에서의 대장장이가 아니다.

여기에서는 어디까지나 문학에 관한 얘기를 효과적으로 하기 위해서 그런 보조관념을 끌어들일 따름이다. 가령 옛날에 보검寶劍 명검名劍을 만드는 대장장이가 있었다고 가정할 때 그의 행위는 오늘의 우리에게 교훈으로 다가오기 때문에 그러한 전제를 복선처럼 깐다고 이해하면 되겠다.

명검을 만들고자 하는 대장장이는 구릿빛 등살을 드러낸 채 참을성 있게 풀무질을 하여 쇠를 달굴 것이다. 쇠가 벌겋게 달구어지게 되면 집게로 꺼내어서 철판에 놓고 망치로 힘껏 내려칠 것이다. 그가 망치를 들고 내려칠 때마다 불똥이 번쩍번쩍 튀기는 것은 불에 단 녹이 떨어지기 때문이다.

우리가 좋은 글을 쓰려면, 훌륭한 문학을 하려면 자기 스스로를 무쇠처럼 달구어서 내려쳐야 한다. 자기에게 녹이 있는 한에는 명검을 기대할 수 없기 때문이다. 문인들도 대개 자기 자신에게는 관대하고 남에게는 인색하다. 남의 녹은 유심히 들여다보면서 자신의 녹은 털어내려고 하지 않는다.

공부는 하지 않고 행세만 하려고 드는 문단 정치꾼들로 인해서 문단은 참을 수 없는 가벼움이 횡행한다. 여기에는 다른 대안이 없다. 이제는 누구나 먼저 느끼는 사람부터 정신적인 대장장이가 되어 참을성 있게 풀무질을 하여야 할 것이고, 스스로 녹을 제거하고 명검 같은 작품, 보검 같은 작품 생산에 주력해야 할 것이다.

나 스스로를 화덕에 넣고 달구어서 명검으로 빚는 그런 삶과 함께 아람진 작품을 생산하게 될 때 가벼운 쭉정이는 사라지고 예술이 꽃피는 르네상스가 도래하게 될 것이다. 구릿빛 등살을 드러낸 채 벌겋게 단 쇠붙이를 내려치는 그런 대장장이의 장인정신, 예술정신으로 하여금 꺼져 가는 불알을 살릴 일이다.

입추立秋

동양(중국) 전래의 길일 중에는 음력으로 1월 1일, 3월 3일, 5월 5일, 7월 7일, 9월 9일 등이 있는데, 이는 마치 화투놀음 가운데 '짓고 땅'(11, 22, 33 등)과도 같은 동수의 반복으로 이루어지는데, 여기에 해당되지 않은 입추立秋는 24절기의 하나로서 대서와 처서 사이에 있는 8월 8일경을 가리킨다. 가을은 이때부터 시작된다고 한다.

언젠가 아이가 나의 머리에서 새치를 뽑아내는 것을 보고 '아, 나도 벌써 가을이구나' 하는 생각이 들었다. 새치란 젊은 사람의 머리에 섞여 난 흰 머리카락을 말한다. 그런데 그 흰 머리카락은 얼마 가지 않아 금세 흰 머리가 우후죽순처럼 섞이게 되고 만다. 그래서 흔히들 인생일장춘몽이라고 한다.

인생이란 하나의 긴 꿈이라……. 그래서 가을은 사색의 계절이니, 결실의 계절이니 하지만 서글픈 계절임에 틀림이 없다. 옛날에는 가을이면 주경야독을 했고, 청풍명월을 읊조렸다. 그래서 독서의 계절이라고 했다. 그러나 이제는 가을이 독서의 계절일 수 없다.

출판사 사장 한 분을 만났다. 그분은 출판사가 망했으니 나의 책을 가져가 달라고 했다. 그는 너무도 억울하다고 했다. 한국 사람들이 책을 너무도 읽지 않는다는 것이었다. 자기는 한 평생을 문화사업을 한다는 자부심으로 일해 왔는데 남은 것은 빚더미뿐이라는 것이었다.

나의 마음은 그렇게 시리고 아플 수가 없었다. 그 출판사 사장의 눈망울에 물기가 그렁그렁 어려 있었다. 독서의 계절이 아닌 가을은 서글프기만 한 계절이다. 시들어 가는 풀밭에 누워서 올려보던 그런 파란 하늘도 아니다. 에메랄드 얕게 흐르는 그런 실비단 하늘은 더욱 아니다.

입추, 초가을은 여름에서 가을로 차차 옮아가는 점이지대漸移地帶다. 이 중간적인 현상이란 여러 가지 시정詩情을 보여준다. 강냉이 밭 위로 선회하던 고추잠자리가 바지랑대 끝에 앉아 휴식을 취하는 그 배경은 영락없이 파랗게 갠 하늘에 새털구름이 펼쳐지게 되어 손차양을 하고 올려보는 그런 계절이다.

조석, 그러니까 아침저녁으로는 제법 선들선들한 기운이 돌고, 한낮은 결실을 위해 마지막으로 따가운 햇살이 쪼이는 가운데 한풀 꺾인 매미소리도 애잔한 여음으로 가라앉고, 귀뚜라미 소리는 맑아만 간다. 열매를 위해서 잎이 시드는 것처럼, 사람들은 철이 들기 시작한다.

결실을 위한 조락凋落의 가을은 자연계의 온갖 만물도 바람에 불려서 울리는 소리를 내기 때문에 고요함이나 쓸쓸함과 친해지게 된다. 그것은 물먹은 별들을 올려볼 때처럼 서늘함이 가슴 밑으로 스며 흐르는 듯한 정밀靜謐한 고요함을 말한다.

그것은 "하늘의 밤 빛이 서늘하기가 물 같다[天街夜色涼如水]"고 읊은 당나라의 시인 두목지杜牧之의 칠석시七夕詩 한 구절처럼, 소소하기가 이를 데 없는 정경이 아닐 수 없다.

달밤과 가락과 농주

중국 연변에는 살구나무도 많았다. 그곳 살구나무는 진달래 꽃나무 못지 않게 많았다. 나는 연변대학에 가 있는 동안 토요일마다 등산을 하였다. 한국에서처럼 운동이나 취미로서만이 아니고 북간도, 고조선, 만주, 발해 등 우리 조상들의 숨결을 폭넓고 심도 깊이 듣고 싶은 욕심에서 토요일마다 그곳 친구들과 함께 등산을 마치 아이스크림을 핥는 기분으로 야금거리고 있었다.

그곳에서 사귄 친구들은 연변대학의 교수라든지, 연변일보사의 편집고문, 시인, 중국조선족 가무단의 가수, 작곡가, 아동문학가, 법무사, 그리고 무슨 원장 등 다양한 성격의 인물들로 구성되어 있었다.

그 당시 그곳 이상각 시인의 배려로 시인들로 구성된 노랫말 짓기 모임에 동참하게 되었다. 연길시에서 약간 벗어난 교외의 연자산장에서 침식을 함께 하면서 작사를 하였는데, 그 때 작사한 여섯 곡 중 한 곡이「달밤에」라는 작품이다. 이 작품은 한국이나 연변 특유의 농촌 정경과 그 인정미학을 표현하였는데, 가을밤을 가을밤답게 하는 노래가 되었다.

> 살구나무 가지로 기어오른 달이
> 너무도 밝아서 달빛 밟고 나서니
> 툇마루에 앉아서 농주 마시던 노인이
> 달빛을 안주 삼아 취해 보자네
> 바람은 산들산들 불어오고
> 잠이 없는 별들은 반짝이는데
> 노인은 잠이 들고 나만 남았네
> 얼근한 보름달과 나만 남았네.

중국 조선족의 최연숙 작곡에 인민가무단의 안룡수 노래로 불리어지게 되었고, 연변인민방송에 방송되는가 하면 녹음띠(카세트)를 제작하여 귀국할 때 가져오게 되었다.

노인과 달밤과 농주, 이는 참으로 잘 어울리는 말인 것 같다. 윤오영의 수필 『달밤』에는 어느 날 밤에 달이 몹시 밝아서 집을 나섰다가 혼자서 달구경을 하는 노인과 만나게 되고, 그 노인이 내어온 농주를 나누어 마시고 헤어진다는 이야기가 있다.

아주 단순하고 소박한 그 이야기에는 따뜻한 인정미학이 여운으로 흐르는 것을 느끼게 된다. 처음 만난 노인과 죽마고우처럼 농주農酒를 한 사발씩 사이좋게 나누어 마시고 달빛을 밟으며 헤어진다는 그 단순한 이야기 속에는 지고지순한 인간미를 맛보게 된다.

그러니까 나의 「달밤에」라는 노랫말은 윤오영의 『달밤』을 약간 패러디한 셈이 된다. 그것은 나의 의식 내부에 오랫동안 잠재되어 있다가 중국 연길에 가서야 새로운 모습으로 재생되어 나오게 되었던 것이다.

그 이야기는 나의 고향인 임실 오수의 원동산이나 마당가에 펼쳐놓은 멍석에서 농주를 마시며 그 유장한 판소리 가락을 뽑으시던 아버지의 기억으로 소급해 올라가기도 한다.

두리둥두우웅 - 두리둥두우웅 - 깨갱맥깽맥 깽맥깽 - 어어여어 여허어 여허루 상사아 뒤여어 - .

　나 어릴 적 마치 장강長江이 굽이치며 흐르는 듯한 아버지의 그 유장한 목소리는 동양정신인 대장부 호연지기로 내 가슴을 휘돌아 수심강정水深江靜이라는 미덕을 안겨주었다. 그 노옹이 달밤에 농주를 여운으로 남겨주듯이 그렇게…….

도연명의 가을날

동양의 대표적인 낭만주의 시인을 들라면 주저 없이 도연명陶淵明을 꼽게 된다. 그는 당시로서는 회귀할 정도로 기교를 부리지 않고도 자연스럽고도 아름답게 전원의 정경을 읊었는데, 유교적 사상을 가지고 있으면서도 한편 노장적 자연의 세계에서 자연을 즐긴 그야말로 낭만적 유토피아 사상을 엿볼 수 있기 때문이다.

중국 진말晉末 송초宋初의 시인인 그는 8세 때 부친을 여의고 20세 때 아내와 사별하고 재혼했으며, 팽택의 현령縣令이 되었으나 봉급[五斗米] 때문에 소인배에게 허리를 굽히기가 싫고, 누이동생의 상을 당하여 사직하고 고향에 돌아갔다.

이때 지은 시「귀거래사歸去來辭」가 만고의 명문으로 알려져 있는데, 그는 청빈 속에서 자연을 벗 삼은 전원의 시인으로서 63세에 일생을 마쳤다. 그의 저서 중의『오류선생전五柳先生傳』에는 "조용하고 입이 무겁고, 영리를 즐기지 않고, 독서를 좋아하며 천착을 좋아하지 않으나 납득할 수 있으면 음식을 잊는다"고 한 대목이 있는데, 이는 그의 자화상이라 하겠다.

그는 전원으로 돌아오면서 인간의 사특한 얕은 꾀가 밉고 싫다고 했다. 그는 비루한 인간의 간사한 지혜(얕은 꾀)의 접촉이 없는 삶을 누리고 싶었던 것이다. 예나 지금이나 이러한 사회 현실은 마찬가지인 모양이다. 그러나 인간은 사회적 동물이기 때문에 오탁의 속세를 벗어나 산다는 게 그리 쉽지 않다.

젊어서 속세에 어울리는 취향 없고
성격은 본시부터 산과 언덕 좋아했네.
먼지 그물 같은 관계에 잘못 떨어져
어언 삼십년의 세월 허송했네.
매인 새는 옛날 놀던 숲을 그리워하고,
웅덩이 물고기는 옛날의 넓은 연못 생각하는 법.

남녘 들 가에 거친 땅을 새로 일구고
졸박함을 지키려고 전원으로 돌아왔네.

  도연명이 돌아왔다는 대자연의 가을은 소나무의 불변한 자태가 드러나게 하고, 풀숲에 덮여있던 난초가 그윽한 향기를 뿜게 한다. 서리가 내리면 국화는 향기를 더한다. 이러한 계절을 누리는 게 정신세계에서 보면 안빈낙도安貧樂道로서의 안심입명安心立命의 경지를 얻는 게 되지만, 오늘 같은 자본주의 속도전 시대에는 기능주의 산업사회, 경쟁사회에서 밀려나온 것이나 다를 바 없다고 생각할지도 모른다.
  조락의 만추晩秋 쓸쓸한 밤에 도연명의 「전원으로 돌아와[歸園田居]」 중 일부라도 읊으며 내가 누구인가를 돌아볼 일이다.

가을 풍경

가을은 유리알처럼 파랗게 갠 하늘을 배경으로 반 공중에 열린 진분홍 색깔의 홍시紅柿와 은행나무 가지에서 한 잎 두 잎 휘날리는 은행잎이 원색적인 풍경을 돕는다. 거기에 국화는 은행잎 색깔을 돕고, 코스모스나 샐비어, 노을 등은 홍시 빛깔을 돕는다.

푸른 하늘을 돕는 빛깔의 꽃으로는 비연초飛燕草와 도라지꽃이 있다. 푸른 색깔의 꽃 중에 비연초만큼 가을을 돕는 꽃은 없을 것이다. 푸른 꽃송이마다 맑고 투명한 그 빛깔은 가을 하늘과 가을 바다를 돕는 빛깔이다.

가을은 비연초 빛깔의 청자와 청대를 닮았다. 그것은 속을 비우고 소소한 바람을 서늘하게 즐기라고 일러주는 계절이라는 생각이 든다. 보내야 할 사람은 보내고, 버려야 할 물건은 버린 채 미련 없이 떠나는 나그네의 심정을 여실히 읽어내는 계절이다. 그래서 가을에 익숙해지려면 버리는 연습부터 해야 할 일이다.

산그늘이 내리는 해거름, 시들어 가는 풀밭에 팔베개를 베고 누워서 파랗게 갠 하늘을 고요히 우러러보고 있노라면 마음은 까닭 없이 서글퍼지며 눈시울에 눈물이 어리는 것은 가을에만 느낄 수 있는 순수한 감정이라는 글을 어린 시절에 읽었었는데, 지금은 그게 누가 쓴 글인지 알 길이 없다. 섬돌 밑이라든지 토방, 풀밭에서 밤새도록 울어대는 풀벌레의 울음소리라든지, 불을 끄고 자리에 누웠을 때 지창紙窓에 고요히 흘러넘치는 푸른 달빛도 베개머리를 적시게 하는 가을밤의 풍경도 잊을 수 없다.

세숫대야에 손을 담갔을 때 만년필을 쥔 중지에서 실연기처럼 풀어져 퍼지던 잉크라든지, 대야에 담긴 찬물 위로 떨어진 낙엽을 보았을 때 느껴지는 싸늘한 감촉과 함께 전해오던 계절의 잔열에서 스미는 우수憂愁, 그것은 후회와 위로를 동반한다. 찢겨지고 구겨질 때 아파하던 인생의 필름

들을 맞춰보는 순간에 노을이 불타는 것은 마지막 불꽃놀이 같은 축제라 해두자.

내가 하나의 생목이라면 참으로 멀리서 실려온 셈이 된다. 도시의 산업사회에서 각목으로 판자로 켜질 때 그리움의 나이테는 사방으로 나동그라지고, 날카로운 톱날에 심장이 물어뜯길 때 톱밥을 쏟는 생목의 목쉰 울음 속에서 붙들고 놓지 않는 고향, 가을은 바로 그런 고향 같은 것이 아닐까. 참으로 멀리서 왔고, 또 어디론지 돌아가야 하는 그리움의 나이테가 아니겠는가.

박미란의 시 「목재소에서」가 생각난다. 목재소에서 원목이 각목으로 켜지듯, 마지막 잘려지는 노을에 어둠 더욱 눈부시듯, 뼛속까지 사무치는 울음소리를 듣는다. 사색의 심연에서. 영혼끼리 만나서 영혼으로 우는 절대와 상대의 아리송한 사랑의 여울목 같은······.

모기장과 밤하늘과 반딧불

　　　　　　　어머니는 대청마루에 모기장을 치고, 나는 반딧불을 잡아 그 안에 풀어놓았다. 모기장 속 어머니 곁에 누우면 밤하늘 별밤이 아스라이 내렸다. 모기장은 하나의 우주였고, 반딧불은 그 우주 공간의 별나라를 떠도는 아기별이었다. 한동안은 말이 소용없었다. 그저 아늑하고 편안하기만 한 그 공간에서 밤하늘의 별나라를 가끔씩 날아다니는 반딧불에 눈을 주기만 하면 그만이었다.

"엄마, 좋지?" "그래, 좋구나!" 우리의 대화는 간결하면서도 느렸다. 급할 것이 없었다. 한동안은 그렇게 잠자코 있다가, 그 우주 공간을 유영하며 반짝이던 반딧불들이 움직임을 멈춘 채 여기 저기서 별처럼 반짝이게 되면, 어머니는 그제야 천천히 이야기를 꺼내시는 것이었다.

어머니는 으레 옛날 옛날 아득한 옛날, 호랑이 담배 피던 시절에 어쩌고 하면서 얘기를 깊여갔었다. 구전으로 내려온 이야기 중에는 어느 선비 이야기는 세상을 사는 동안에 새로운 깨달음을 주곤 했다.

한양 천리 과거보러 가던 선비가 날은 저물고 잘 곳이 없어서 숲속을 헤매다가 깜박이는 불빛을 보고 찾아가 만난 처녀의 미모에 반했다는 데까지는 손에 땀을 쥐면서 귀를 기울이게 하는 서스펜스에 속한다.

그 선비는 과거 볼 것도 잊은 채 그녀와 함께 살았는데, 결국은 알고 보니 절세의 그 미녀는 백 년 묵은 여우였다는 이야기였다. 어머니는 이야기 끝에, 그러니 여자를 조심해야 한다고 사족을 달았다. 여자란 얼굴보다는 마음씨가 고와야 한다는 것이었다.

세월의 흐름에 따라 여자란 정말 여우의 속성을 지녔다는 것을 터득하게 되었다. 아무리 이상적인 여성이라 할지라도 함께 살다 보면 결점이 노출되어 실망하게 된다는 것도 알게 되었다.

인간의 삶 가운데 꿈이라고 하는 것, 희망이라고 하는 것은 모기장 속의 반딧불 같은 것이었다. 별들이 총총 박힌 여름 별밤에 그처럼 모기장 속의 공간을 신비의 극치로 장식하던 반딧불도 이튿날, 날이 새고 해가 뜨게 되면 보잘것없는 개똥벌레에 불과하다는 사실이다.

그것은 프리즘 같은 것이었다. 삼각 유리대롱을 돌릴 때마다 빛의 굴절에 따라 총천연색 꽃무늬를 이루던 프리즘도 시멘트 바닥에 깨어 놓고 보면 한갓 볼품없는 유리조각과 색종이에 불과하다는 것을 터득한 셈이다.

그러나 인생은 색즉시공色卽是空 공즉시색空卽是色이 아닌가. 내가 사는 동안, 나의 기억 속에 살아있는 모기장 속의 반딧불, 그것은 내 가슴속에 보석처럼 반짝이는 영원한 노스탤지어의 손수건이 아니겠는가.

달밤의 노래

"모래알 한 알에 우주를 생각하고 손바닥을 제치면서 영원을 생각한다."

영국의 시인이요 화가이며 신비사상가인 윌리엄 블레이크의 말이다. '모래알'이라는 무한소의 공간을 보면서 '우주'라고 하는 무한대의 공간을 생각한다는 말이나, 손바닥을 제치는 그 시간적인 무한소의 순간에 '영원'이라는 시간적인 무한대를 생각한다는 말은 인생과 우주를 보다 깊이 생각하게 한다.

1초라는 짧은 순간에 햇빛이 지구를 일곱 바퀴 반을 돈다고 한다. 그렇게 빠른 빛의 속도로 1년 동안 달려 나가는 거리의 시간을 1광년이라고 하는데, 지구에서 5,600광년이나 떨어진 곳에 130억 년 된 행성이 존재한다고 한다. 그 빠른 빛의 속도로 5,600광년이나 떨어진 거리의 그 무한에 가까운 시공을 생각하면 정신이 이상해질 것같이 아찔한 현기증을 느끼게 된다.

이런 생각을 하다가 내가 몸담고 있는 이 지구 가까이에 있는 해와 달을 떠올리면 얼마나 고마운지 모른다. 만일 해가 없다면 어떻게 될까. 한 시도 살 수 없을 것이다. 해가 없는 상태에서 인간이 수력발전과 화력발전을 일으켜서 삼라만상의 오곡백과 할 것 없이 동식물을 생존하게 하려면 얼마나 많은 에너지를 생산해야 할 것인가. 말할 나위도 없이 그것은 도저히 불가능한 일이다.

그래서 독일의 시인 라이너 마리아 릴케는 「가을날」이라는 시에서 "여름은 참으로 위대했습니다."라고 하지 않았던가. 날마다 햇볕을 무상으로 폭포처럼 퍼부어 주시는 그 창조주에 대한 경외감에서 시는 기도처럼 무한한 은총에 대한 감사함으로 표현되어 나온다.

하루의 행진을 마친 해가 지면 달이 뜨고 별이 뜬다. 미리내라는 이름의 은하수도 나온다. 달이 없는 사막처럼 쓸쓸한 암흑은 없을 것이다. 밤에 달이 없다면 이 인간 세상은 어떻게 될까. 무덤 같은 암흑천지일 것이다. 달빛이 흐르는 달밤도 무료로 제공된다. 그래서 사람들은 입장료도 없는 달밤을 마음대로 누린다.

    사람은 나이가 들수록 달밤을 더욱 좋아하는 것 같다. 노인과 달밤은 서로 닮은 상사성相似性에서 그러려니 하고 여겨진다. 급할 게 없이 여유를 가지려고 하는 그 정밀성靜謐性 역시 노인은 달밤을 닮았다. 달밤 중에서 하나 고르라면 가을의 달밤을 택하고 싶다. 맑은 하늘에 달빛이 푸지기 때문이다.

    얼마 전 그러니까 2001년은 중국에 가 있었다. 한 때는 그곳 시인들과 함께 연길의 연자산장燕子山莊에서 집단적으로 노랫말을 창작하게 되었다. 셋째 날 밤인가 자다가 밖으로 나와 보니 달이 밝았다. 반딧불이 반짝이며 나는 가운데 달을 올려보며 앉아 있노라니 어릴 적 아버지 생각이 났다.

    윌리엄 블레이크처럼 나도 상상의 날개를 펼쳐보았다. 달빛이 하도 밝아서 그 달빛을 밟으며 나선다는 얘기에서부터 농주를 마시고 취한다는 이야기에 상상의 날개를 달아 새처럼 날렸다. 그 상상의 날개는 하룻밤 사이에 노랫말이 되고, 중국 조선족 작곡가(최연숙)에 의해 작곡이 되는가 하면, 인민가무단의 가수(안룡수)에 의해 불리어지고, 길림민족록음록화출판사(심창국 감독)에서 녹음띠(카세트)로 출판 발행하게 되었다.

    살구나무 가지로 기어오른 달이
    너무도 밝아서 달빛 밟고 나서니
    툇마루에 앉아서 농주 마시던 노인이
    달빛을 안주 삼아 취해 보자네
    바람은 산들산들 불어오고
    잠이 없는 별들은 반짝이는데
    노인은 잠이 들고 나만 남았네
    얼근한 보름달과 나만 남았네

나는 이 노래(달밤에)를 가끔 부른다. 산에 올랐을 때 부르기도 하고, 아파트의 골짜기를 거닐면서 부르기도 한다. 물론 작은 소리로 나만 알게 부르거니와 사람이 보이면 휘파람으로 바꿔 부르기도 한다. 얼근한 보름달과 내가 함께 있는 그 기분으로, 도시에서 서식하되 시골에서 사는 것처럼 살고자 한다.

현미경적인 눈으로 모래알을 보기도 하고, 망원경적인 눈으로 우주를 보면서 시를 쓰고 살다가 좀 더 세월이 가면 농주에 취한 달이 일락처日落處에 지듯이 나도 지게 될 것이다. 이 땅에는 휘파람으로 날리던 내 달밤의 노래를 남긴 채…….

씨나락 까먹는 소리

대한민국이라는 배가 제대로 항해하지 못한 채 우왕좌왕하는 느낌이다. 왜 그럴까? 나침반이 없거나, 있어도 방향을 제대로 가르칠 수 없을 정도로 기능을 하지 못하기 때문이다. 바다를 항해하는 배에는 나침반이 부착되어야 하듯이, 한 나라에는 국가의 지도 이념이 있어야 한다.

유감스럽게도 우리에게는 국민을 하나로 모을 수 있는 국가의 지도 이념이 보이지 않는다. 삼국을 통일한 신라에는 불교가 지도 이념이었고, 조선조가 5백 년이나 왕조를 유지한 데는 유교가 지도 이념이었다. 현금에 이르러 우리

나라는 기독교가 번창하였으나 그 종교는 허우대만 클 뿐 국가의 지도 이념이 되지 못하고 있다.

기독교의 정신이 쇠퇴하였기 때문이다. 기독교가 빛과 소금의 역할을 다하지 못하고 있기 때문이다. 기독교가 우리 문화에 스며들어 생활화되지 못했기 때문에 관용의 정신이 사라진 것이다. 예수처럼 상대방을 섬기지 못한 채 사랑보다는 미움, 협잡, 시기, 질투 등이 판을 치기 때문이다.

기독교가 대한민국의 지도 이념이 되기 위해서는 개과천선해야 하는데, 아무리 보아도 개과천선할 기미가 별로 보이지 않는다. 우리나라에 기독교 신자가 많은 까닭은 우리나라의 서구화 현상과 맞물린 것 같다. 우리가 무서운 속도로 서양화되면서 문화적으로 종속됨으로써 기독교가 수월하게 전파된 것이다.

우리나라 기독교 신자들은 기독교를 절대 진리로 믿고 있다. 여호와의 신 외에는 그 어떠한 종교도 인정하지 않는다. 그러나 이 세상에는 불교도 있고, 유교도 있으며, 도교, 단군교, 힌두교, 회회교 등등 얼마든지 있다. 이 모두 무시할 수 없는 종교들이다.

불교에서는 불경佛經이라 하는데, 기독교에서는 기독경

基督經이라 하지 않고 성경聖經이라 한다거나, 불교에서 석가탄일釋迦誕日이라 하면, 기독교에서는 예수탄일이나 기독탄일基督誕日이라 해야 하는데, 성탄절聖誕節이라고 함으로써 예수만이 성인인 것처럼 착각하게 되었다. 그래서 독실한 기독교인이 절에 불을 지르는가 하면, 단군상의 목을 자르는 기현상이 발생한다.

미국이 유엔의 반대에도 불구하고 이라크를 침공하여 많은 인명을 살상함으로써 세계 여러 나라로부터 질타를 들으면서도 크게 흔들림이 없이 진취성 있게 나아가는 것은 기독교가 보편적 진리로써 생활 속에 자리 잡고 있기 때문이다.

우리는 국가의 지도 이념이 될 만한 보편적 진리란 무엇인가? 한국 사회에서 너무도 비대해진 기독교가 설득력이 없다면 새로운 그 이념이 나와야 할 텐데 그것은 무엇인가. 미국을 개척한 것은 영국에서 건너간 영국의 청교도였다. 그들 가운데는 항해 도중 스스로 종자를 아끼기 위해서 굶어 죽은 사람이 있었다고 한다. 그 희생의 터 위에서 미국이 탄생된 것이다.

우리나라에서도 난리에, 흉년에도 종자를 아끼기 위해

서 스스로 죽어간 농부가 있었다. 그리하여 그 씨나락을 뿌림으로 인하여 자자손손 번성하게 되었다. 그런데 씨나락을 까먹는 소리가 도처에서 들린다. 물류대란의 소리도, 전교조의 데모 소리도, 교육부의 말 바꾸는 소리도, 여당이나 야당이나 자기들끼리 싸우는 소리도, 계층 간의 갈등하는 소리도, 노동자의 집단이기주의 소리도 씨나락을 까먹는 소리다.

참새처럼 짹짹거리면서 여론의 눈치 보기에 바쁜 소신 없는 지도자라든지, 까마귀처럼 깍깍거리면서 부정부패와 정치불신의 무덤을 파는 속물들은 나라 살릴 씨나락부터 아껴야 할 것이다. 소위 나라를 경영하겠다고 나선 위정자라는 인간들이, 이 땅에 뿌릴 씨나락을 아끼면서 스스로 죽어간 우리들의 농부들만도 못하다고 해서야 어디 말이나 되겠는가?

가을 연주演奏

        가을은 조락凋落의 계절이다. 낙엽이 지는 소리에 시들어 가는 인생을 슬퍼하고 자성하는 사색의 계절이다. 늘어가는 흰머리 위로 가랑잎이 날릴 때 불안스러이 숲길을 서성거리다가 신의 섭리대로 대자연에 귀의해 가는 그런 계절이다.

  비추悲秋의 느낌, 그것은 모든 사물을 다시금 눈여겨보게 한다. 친구와 헤어질 때도 돌아서서 다시금 손을 흔들게 된다. 저 친구를 다시 만날 수 있을까 하는 확신이 서지 않고 미약해져 가기 때문이리라.

  목이 시리도록 훨씬 높아진 하늘을 올려보면 마음은 까

닭 없이 나그네처럼 외로워지고, 시골의 신작로 가에 애련히 피어 손을 흔들어주는 그 청초한 코스모스를 바라보노라면 꿈꾸는 듯한 어린 날의 추억이 하나하나 되살아나게 된다.

추억은 아름답다고……, 놓친 열차는 아름답다고 했던가. 그 추억 속에 향기 짙은 국화 한 송이 다가온다. 눈빛 같이 하얀 국화꽃이 서늘하게 다가온다. 오랜 세월 풍상을 이겨온 국화의 고매한 절개가 손에 잡힐 듯 느껴져 온다.

다시 되돌아올 수 없는 여로가 있기에 가을은 스산한지도 모른다. 여기에 풀잎들도 동조한다. 귀뚜라미는 풀잎 속에서 울어대고, 풀잎들은 귀뚜라미 소리에 귀를 기울이면서 밤새도록 대자연의 악보로 연주한다. 인간 세상에는 연주회가 제한이 되어 있지만 대자연의 연주회는 끝이 없다.

풀잎에 내리는 달빛이 풀잎을 연주한다. 달빛이 활을 쥐고 바이올린을 켜는 풀 푸른 소리를 듣는다. 밤하늘의 은하세계와 밤이슬이 혼연일체가 되어 흐를 때 강물은 비늘을 털고 악보의 눈들이 반짝인다.

풀꽃에 자지러지는 바람이 천연의 머리카락을 흩날리고 지나갈 때, 풀잎은 풀잎끼리 별빛은 별빛끼리 서로 볼을 부벼대는 애무의 밤에 대자연의 연주회는 지칠 줄 모르고, 거기에 도취한 나까지도 달빛이 풀잎에 연주하는 하나의 활이 되어 있는 상태의 느낌을 받는다.

그러나 시간의 제한이 없는 대자연의 가을 연주회를 사람들은 알지 못한다. 사람들은 푸른 소리를 알지 못한다. 별들이 소곤대는 하늘나라, 그 베일 속의 소리를 알지 못한다. 모두들 잠든 밤에도 대자연의 연주는 계속되지만, 그 자연의 악보를 아는 이는 없다.

풀잎에 맺힌 이슬에 젖은 별들이 강물을 연주한다. 풀잎에서 자고 깨는 달빛과 별빛, 그 반짝이는 악보의 푸른 동자는 언제 보아도 첫사랑의 그 맑은 눈빛을 하고 있었다. 세상이 어지러울수록 자연과 벗 삼을 일이다. 이 가을, 풀밭에 나가 '추풍감별곡秋風感別曲' 한 곡조를 뽑아 보라. 세파에 찌들었던 속진俗塵이 타서 없어지도록 가슴이 확 트이리라.

"어젯밤 부든 바람 금성이 완연하다. 고침단금에 상사몽 훌쳐 깨어, 죽창을 반개하고 막막히 앉아보니 만리 장공에 하운이 흩어지고 청년강산에 찬 기운 새로워라, 심사도 창연한데 물색도 유감하다. 정수에 부는 바람 이별한을 아뢰는 듯 추국에 맺힌 이슬 눈물을 머금은 듯…."

우렁이 설화 - 김치를 담그면서 -

김치를 담다가 문득, 할머니 생각이 났다. 부실한 몸으로 이렇게 죽기 살기로 힘겹게 김치를 담가놓으면 딸년들이 다녀가면서 번번이 빼가기 때문이었다. 김치를 담글 때는 다시는 주지 말고 우리만 먹어야지 하다가도 막상 딸년들이 찾아오게 되면 이것저것 싸서 주는 보따리에는 김치가 포함되기 마련이다.

할머니가 들려준 이야기 중에는 '우렁이 설화'가 있었다. 우렁이의 새끼들은 어미 우렁이의 살을 파먹고 자란다고 했다. 그 새끼들이 다 자라서 더 이상 파먹을 살이 없게 되면 그 껍질만 남은 어미 우렁이 껍질은 물 위에 둥둥 떠내려간다고 했다.

　우렁이 새끼들은 자기들이 어미의 살을 파먹은 바람에 그리된 줄은 모르고 손뼉을 치며 즐거워하면서 "우리 엄마 가마 타고 시집간다."고 한다는 것이었다. 제 어미가 이렇게 힘들게 김치를 담가놓으면 번번히 빼가는 딸들이 얄밉다가도 할머니의 우렁이 얘기를 생각하면 그것이 신의 섭리려니 하고 당연한 것으로 여기게 된다.

행운유수 行雲流水

　　　　　　　　여름을 여름답게 하는 사물이란 뭉게구름과 산천초목이라 할 수 있다. 드넓은 하늘에 뭉게뭉게 피어오르는 그 흰 구름은 우리들의 마음을 한없이 부풀게 하고, 만산평야를 푸르게 장식하는 연초록 진초록의 신록은 우리들의 마음을 무한히 젊게 한다. 끝없이 푸른 하늘은 우리들의 마음을 넓혀주고, 거기에 떠도는 흰 구름은 우리들의 마음을 자유롭게 한다. 그래서 사람들은 행운유수라는 말을 즐겨 쓰기도 한다.

　행운유수란, 떠가는 구름과 흐르는 물이라는 뜻으로, 매사에 막힘이 없거나 마음씨가 시원시원함을 비유하여 이르는 말이다. "그물에 걸리지 않는 바람처럼…" 답답한 세상에 이 얼마나 속 시원하면서도 슬기로운 말인가.

> 물 아래 그림자 지니 다리 위에 중이 간다
> 저 중아 게 있거라 너 가는 데 물어보자
> 막대로 흰 구름 가리키고 돌아 아니 보고 가노매라

여기에 나오는 스님이야말로 행운유수라 할 수 있다. 가는 곳이 일정치 않으니 정처가 있을 수 없다. 이러한 자유를 우리는 부러워한다. 예수도 우리를 자유롭게 하려고 왔다고 하지 않았는가.

그런데, 새가 언제까지나 하늘을 날 수 없듯이, 인간은 언제까지나 자유로울 수가 없다. 가정과 사회와 국가, 나아가서는 우주, 천주에 이르기까지 책임이 따르기 때문이다. 의무가 주어지기 때문이다.

청운의 뜻을 품고 어쩌고 할 때의 그 '청운靑雲'이란, 높은 명예나 벼슬을 비유하여 이르는 말로 입신출세를 뜻한다. 여름날의 흰 구름처럼 청춘 시절은 한없이 부풀어 오르기 마련이다. 보자기로 구름이라도 잡을 것처럼, 온 세상을 자기 손아귀로 움켜잡을 것처럼 등기권리증이나 약속어음, 또는 승소판결문에 눈이 어두워 기염을 토하기도 한다.

그러나 열흘 붉은 꽃이 없고, 십년 세도 없다고 하지 않는가. 김상용 시인은 「남으로 창을 내겠오」라는 시에서 "왜 사냐건 웃지요"라고 쓰지 않았는가. 이는 달관의 경지를 엿보게 하는 말이다. 김소월 시인도 「박넝쿨타령」에서 박넝쿨이 번을적만 같아선 온 세상을 다 뒤덮을 것 같더니 하룻밤 서리에 잎도 줄기도 노그라붙고 둥근 박만 달렸다고 토로하지 않았는가.

인생도 이와 같이 젊을 때는 피어오르는 뭉게구름처럼 청운의 뜻을 품고 부지런히 뛰지만, 늙고 병들면 박넝쿨처럼 노그라 붙고 둥근 박처럼 자식들만 남기게 된다.

그래서 낙화유수落花流水라는 말도 쓰이게 된다. 떨어지는 꽃과 흐르는 물로서, 가는 봄의 정경을 나타내는 말이다. 또는 인간 세상의 쇠잔영락衰殘零落을 비유하여 이르기도 한다. 남녀 간의 얘기에 있어서 낙화란 물이 흐르는 대로 흘러가기를 바라고, 유수는 떨어진 꽃을 싣고 흐르기를 바란다는 뜻으로 남녀가 서로 그리는 정을 가지고 있음을 비유하여 이르는 말이다.

헤르만 헤세는 「구름」이라는 수필에서 "모든 사람들의 동경의 아름다운 비유로써 떠 있다. 말하자면 지상의 꿈이다. …… 구름은 온갖 방랑과 탐구와 소망과 향수의 영원한 상징이다."라고 표현했다.

나의 소년 시절은 그러한 구름처럼 부풀었고, 신록처럼 싱그러웠다. 꿈꾸는 구름과 수목, 그것은 동경의 꿈나라였다. 나는 어느 날 오수의 원동산 느티나무 아래 숲 그늘에서 장기와 바둑을 두는 노인들의 한담閑談을 듣고 있었다.

어느 마을에 시집 온 새댁이 옹달샘 가에서 물을 긷다가 잠깐 졸았는데, 문득 깨어보니 백 년의 세월이 흘러서 아는 사람이 없더라는 얘기였다. 할아버지들은 노루처럼 캑캑 웃으면서 맞장구를 쳤다. 그러면서 백 년 묵은 여우 얘기도 하였다. 한양 천 리 과거보러 가던 선비가 노숙할 집을 찾다가 아름다운 처녀를 만나 아내로 삼았는데, 함께 살다 보니 백 년 묵은 여우였다는 것이었다.

그 할아버지들도 여인에게 여우의 속성이 있다는 것쯤은 삶을 통해서 터득하게 된 것이었다. 그래서 모두 공감하기 때문에 노루처럼 그렇게 캑캑 웃었던 모양이다. 나도 바야흐로 그 노인들의 나이가 되었다. 옹달샘 가에서 물을 긷다가 깜박 조는 순간에 백 년 세월이 흘러간 새댁처럼, 나 역시 많은 세월이 흘러서 아는 이가 줄어들게 되었다.

행운유수라 …….
선풍仙風, 禪風이 도는 말이다.
구름처럼 물처럼 흘러가는 가운데 무엇으로 보람을 찾을 것인가.
내가 인생이라는 바둑을 다 두고 나면,
내가 바둑을 두었던 바둑판을 새로운 바둑알 같은 후손들이 채워 나갈 것이다.
가벼워지는 내 대신에 무거워지는 젊은이들이 채워나갈 것이다.
파랗게 갠 하늘에 뭉게뭉게 피어오르는 뭉게구름처럼 그렇게 …….

팔싸리

화투 노름에 팔싸리라는 것이 있다. 팔싸리는 흑싸리 넉 장과 홍싸리 넉 장을 합한 여덟 장의 제구를 말한다. 그런데 이 여덟 장을 차지하지 못하는 경우, 마흔여덟 장으로 된 노름제구 가운데 가장 매력 없는 것이 바로 이 흑싸리와 홍싸리이다.

무엇보다도 우선 구미가 당기는 것은 한 장에 스무 끗이 계산되는 광$※$과 칠십 약이 되는 칠띠, 그리고 석 장씩 모으면 삼십 약이 되는 청단과 홍단이다. 그 다음으로 이십 약을 하는 비약과 풍약과 초약이다.

여기에 비하여 흑싸리와 홍싸리는 오 띠와 열 끗씩밖에

계산되지 않기 때문에 가장 인기가 없는 제구에 해당된다. 물론 흑싸리 넉 장과 홍싸리 넉 장을 합한 여덟 장의 팔싸리를 하게 되면 팔십 약이 되지만, 이것은 거의 불가능에 가깝기 때문에 애당초부터 기대하는 법이 없다. 그래서 대개의 사람들은 따 먹어갈 게 없을 때는 이 별 볼일 없는 흑싸리와 홍싸리 껄쩍(껍질)부터 바닥에 내어던지게 된다.

나에게는 팔싸리에 얽힌 얘기로서 잊혀지지 않는 기억이 하나 있다. 그게 벌써 언제 적 일인가. 삼십 년 전의 일이다. 그 당시만 하더라도 시골아이들은 모이기만 하면 어른들 몰래 화투 노름을 곧잘 하였다. 아이들이 화투 노름에 거는 것은 주로 성냥골이었다. 그 성냥골 하나라도 더 따려고 안간힘을 쓰던 아이들의 모습이 지금도 눈에 선하다.

어쩌다가 한번은 나에게 흑싸리 껄쩍들과 홍싸리, 그리고 비광인가가 들어 왔었다. 잘못 들어온 화투짝을 집어 들게 된 나는 하기 싫은 화투 노름을 하지 않을 수가 없었다. 다른 아이들은 솔광·비광을 먹어 가는가 하면, 단약을 먹어 가는데 나는 아무것도 물어오지 못하고 있었다. 시간이 가면 갈수록 다른 아이들 앞에는 눈을 끄는 것들이 수북히 쌓여 가는데, 나의 앞에는 싸리 껄쩍만 초라하게 놓여 있을 뿐이었다.

그래도 나는 이미 시작된 그 화투 노름을 단념할 수도 포기할 수도 없었다. 그래서 나는 그렇게 초라할 수가 없는 싸리 껍짝을 불끈 쥔 채 바닥에서 제발 일어나 주기를 은근히 기다리고 있었다. 이 기다리는 마음을 천지신명께서 굽어 살피셨던지 거짓말같이 바닥표가 일어나서 팔싸리를 하게 되었다.

팔싸리를 하기 위해서는 때때로 알짝을 내어던지는 경우도 생기게 된다. 황금 같은 비광을 떨어 버린다는 것은 여간한 모험이 아니다. 화투표가 잘못 들어와서 팔싸리밖에 다른 것을 기대할 수 없게 되는 경우에는 정말 물어다 놓은 화투란 보잘 것이 없게 마련이다.

송동월松桐月 알짝 광을 움켜쥐듯, 욕심 많은 친구는 돈도 벌고 출세들을 해서 의기양양 거들먹거리며 앞서가는데, 나는 이제까지 싸리 껍짝만 쥐고 있는가 싶어 서글픈 느낌이 들 때도 있었다. 때로는 승산이 없을 것 같은 싸리 껍짝을 내던져 버리고도 싶지만, 인생이란 화투 노름처럼 그렇게 단순하지가 않다.

나는 이날까지 돈이 되지 않는 시를 붙들고 살아왔다. 나의 시, 그것은 화려한 송동월 광이 아니다. 그것은 버리고 싶은 흑싸리 껄짝에 불과하다. 나는 어찌하여 다른 것을 다 내어 주어가면서 싸리 껄짝만을 움켜쥐고 살아온 것일까. 그것은 아무래도 가장 초라하게 보이면서도 가장 값진 것이 바로 이 팔싸리라고 믿어왔기 때문이리라.

팔싸리, 그것은 나의 시다. 나의 시는 바로 팔싸리다. 고집스럽게도 팔싸리의 기대를 버리지 못한 채 흑싸리·홍싸리 껄짝을 쥐고 있는 나에 대해서 아내는 못마땅하게 생각한다. 아내는 송동월 광 같은 돈이나 단약 같은 실속을 요구한다.

여기에 나의 고민이 있다. 끝내 단념하지 못하는 내 시의 고민이다.

싹수가 노란 것은 빨리 떨어 버리고 새 길을 찾는 게 상책이지만, 그러지를 못한 채 살아온 게 내 인생이다.

나는 1982년도에 문학상을 받은 일이 있다. 시상식은 그해 12월에 실시되었는데, 나는 상패를 받고 아내는 상금을 받았다. 나는 좀 더 고상하고 품위 있는 말을 하고 싶었지만, 어찌된 일인지 주변머리 없게도 엉뚱한 팔싸리 얘기가 튀어나오게 되었다.

세상살이가 어려워질 때마다 살기 좋은 곳으로 이사를 가고 싶지만, 이 인간들의 세상 말고는 갈 만한 곳이 없는 까닭에 하는 수 없이 시와 더불어 살다온 나에게 있어서 팔싸리는 나의 하나밖에 없는 마지막 보루인 셈이다.

가을에 잃어버린 것들

하늘은 높푸르고 말은 살이 찐다는 천고마비지절天高馬肥之節에 잃어버린 것들이 너무도 많아서 서글프기 그지없다. 전기 문명이 밀려오면서부터 가을밤이 사라지고, 텔레비전이 들어오면서부터는 주경야독晝耕夜讀이라는 말 자체가 없어질 정도로 독서 인구가 현저히 줄어들었다. 이름은 거창한 대한민국이지만 이 나라 국민 가운데 아예 책과 담을 쌓고 사는 사람이 부지기수여서 나라가 더욱 병들어가고 있는 현실이다.

매스컴의 역기능도 보통 문제가 아니다. 막강한 위력을 과시하는 텔레비전의 경우, 순기능도 대단하지만, 역기능도 만만치 않아 그 문제점을 지적하지 않을 수 없다. 시쳇말로 KBS를 그 첫 자 발음을 따서 '코리아 바보 상자'라 하고, MBC를 '멍텅구리 바보 상자'라고 할 정도로 그 문명의 이기는 우리들을 바보로 만드는 상자임에 틀림없다.

텔레비전 앞에 앉아 있으면 주체적인 생각이 없이 그대로 세뇌되기 마련이다. 신문을 보는 경우에는 생각하면서 읽을 수 있고, 읽기 싫은 기사는 지나치면 그만이지만 텔레비전은 고스란히 소화해야 하는 정도를 지나서 맹종하게 된다. 원래 쓰던 "매우 아름답다"는 말을 아이들이 "되게 좋다"고 쓰니까 텔레비전에서도 "되게 좋다"고 나팔을 불어대어 언어의 세속화를 확산시킨다.

"바쁜 꿀벌은 슬픔을 모른다."는 말이 있는데, 우리들이 바로 그런 처지에 놓여있다. 먹고 사는 것 이외에 책을 읽는다거나 시를 외워 낭송하는 등 정신적인 생산은 꿈도 꾸지 못한 현실이다.

물질문명 사회의 도시가 비대해지면서 단독주택은 줄어들고 아파트 숲, 시멘트의 성을 이루게 되었다. 아파트에서는 김장을 한다거나 간장이나 된장, 고추장을 담아 간수하기가 어려워지고 까르프니, 슈퍼니, 김치냉장고니 하는 신조어가 생기면서부터 장독이니 항아리가 천더기가 되었다.

그래서 조상 대대로 전해오던 생활문화재가 쇠망치에 바스러져서 쓰레기 봉지에 담겨 버려지는 것이었다. 할머니와 어머니의 손때가 묻은 장독, 김칫독, 고추장독 항아리들이 장독대에 올망졸망 풍경을 이루던 모습은 날이 갈수록 찾아보기 어렵게 되었다.

이제 도시는 시골의 끝이 되어 있다. 시골의 끝자락이 도시의 한쪽이 되어서 모를 심다가도 벼를 베다가도 다방에 전화하여 커피를 시켜 먹는 세상이다. 세상은 참으로 살기 편리해졌는데 어쩐 일인지 도시에 사는 사람들은 약국의 형광등 불빛 아래서 기침을 콜록인다. 냉장고와 텔레비전이 없던 시절보다도 더욱 심신이 병든 사회를 무엇으로 치유할 것인가?

뭐든지 빨리빨리 해치우고자 애쓰는 속도전 시대에 좀 쉬어 가면서 자기를 돌아볼 줄도 아는 지혜가 필요하지 않을까? 내가 그동안 너무 돈돈돈 하지는 않았는가? 간장 맛을 모르는 아이들에게 햄버거나 피자를 사주는 것으로 책임 다했다고 착각하지는 않았는지, 잊고 살았던 가을 밤하늘을 올려보면서 시조 한 수라도 읊어볼 필요가 있지 않을까?

    짚방석 내지 마라 낙엽엔들 못 앉으랴
    솔불 켜지 마라 어제 진 달 돋아 온다
    아이야 박주 산채일망정 없다 말고 내어라.

제2장

여름날의 추억

장미꽃과 찔레꽃

　　　　　　장미꽃을 아는 사람은 많아도 찔레꽃을 아는 사람은 그리 많지 않을 것이다. 단적으로 말해서 장미꽃은 꽃의 여왕이라 할만하다. 그러나 나는 왠지 장미꽃을 좋게만 보지 않는다. 독일의 시인 라이너마리아 릴케가 장미꽃 가시에 찔려 죽었다고 해서 싫어하는 것도 아니다.

　장미꽃은 화려해도 진드기가 많이 낀다. 마치 아름다운 여자에게 사내들이 많이 끓는 것처럼 그 꽃은 해충이 많이 끼고 질 때는 지저분하게 진다. 장미꽃은 마치 립스틱을 짙게 바른 도시의 요염한 요정의 마담 같기도 하다.

　여기에 비하여 찔레꽃은 화려하기보다는 약간 촌스럽

게 여겨진다. 그 꽃은 시골에서 피기 때문이다. 김동리의 소설「찔레꽃」을 보면 찔레꽃 풍경이 여실히 나타난다.

> 올해사 말고 보리 풍년은 유달리 들었다. 푸른 하늘에는 솜뭉치 같은 흰 구름이 부드러운 바람에 얹히어 남으로 남으로 퍼져나가고, 그 구름이 퍼져나가는 하늘가까지 훤히 벌어진 들판에는 이제 바야흐로 익어가는 기름진 보리가 가득히 실려 있다. 보리가 장히 됐다 해도 칠십 평생에 처음 보는 보리요, 보리밭 둑 구석구석이 찔레꽃도 유달리 야단스럽다. 보리 되는 해 으레 찔레도 되렸다.
> "매애-. 매애-."
> 찔레꽃을 앞에 두고 갓난 송아지가 울고,
> "무우-, 무우-."
> 보리밭 둑 저 너머 어미 소가 운다.

찔레꽃과 함께 농촌 풍경이 여실히 살아나고 있다. 이와 같이 시골의 보리밭 둑에 피어있는 찔레꽃을 생각하면 수줍음 타는 시골의 처녀가 연상된다. 풋보리 냄새도 싱그러운 보리밭 둑에서 도시로 떠난 연인을 그리워하며 자주고름을 입에 물고 잘근잘근 씹는 그런 순박하고 안쓰러운 청순가련형의 처녀가 떠오른다.

고향에서 불을 지피리.
새가 되어
저승길 벼랑을 벗어나
구만리장천에 떠도는 새가 되어
그대, 수줍음 가득한 그대
꽃잎을 따먹고
열매를 따먹고
해를 따먹고 불타는 사랑

벌건 피똥에 씨알을 떨어뜨려
이승까지 떨어뜨려
고향의 심심산골 홀로 피게 하였다가

아무도 몰래
공주 만나러 가는 원효 같이
그대, 혼곤한 골짜기
꿈꾸듯 홀연히 불을 지피리.

- 「찔레꽃」

나는 그대 꽃잎을 따먹는다거나, 열매를 따먹는다거나, 골짜기에 불을 지피겠다고 상징적 언어를 은유적으로 표현하는 시의 세계를 독자들은 눈치채고 이해하리라 믿는다. 시골의 찔레꽃 같은 처녀는 도시의 까지고 바래지고 요염한 마담과는 달라서 순수하기 때문에 자기만 몰래 숨겨두고 영원히 차지하며 누리겠다는 내면세계를 엿볼 수 있을 것이다.

    이 시와는 달리 도시의 장미꽃 같은 여인도 그렸는데, 이 찔레꽃과는 대조를 보인다. 도시에서 얼마나 불에 데였으면 이렇게 그렸을까. 그 점은 독자의 상상에 맡긴다. 한 때는 화려한 장미꽃이었으나 진드기에 시달리다가 노기老妓처럼 시들어버린 장미꽃 같은 여인을 감상하도록 시를 제공하는 것으로 나의 소임을 다하고자 한다.

    하산하는 길에
    처음 만난 여자가
    술을 사달라고 졸랐다.

    오뎅 국물과 김밥까지 먹은 그녀는
    아침 겸 점심이라고 했다.

    삼단 같이 치렁치렁

검게 내려오던 생머리 아래쪽에
노랑 물을 들여 멋을 내다가
양 갈래로 따 내린 머리카락은
인디안 추장 딸을 방불케 했다.

한때는 비밀요정에서
여왕으로 불리던 그녀가
대지에 뿌리 뻗지 못한 채
부평초로 떠돌다가
여기까지 왔다고 했다.

잠자리는 여관에서 몸으로 때우고
먹는 것은 오다가다 만난 사람에게
동가식東家食 서가숙西家宿 한다 했다.

- 「**사연**事緣」

연변 백양나무

백두산에 오른 사람은 보았을 것이다. 연길에서 백두산 가는 길에 줄지어 서 있는 백양나무 가로수를.

나는 어쩐지 끌리는 그 연변의 백양나무에서 그 무엇인가를 찾아내고 싶었다. 그것은 어쩌면 잃어버린 고향을 찾으려는 심정 저변에 깔린 향수인지도 모른다.

그 나무로 종이를 만들고 성냥개비를 만든다는 생각에서 떠올린 시적 상상력은 독립군들을 찾아 헤맨 끝에 시상을 만나게 되었다. 불을 지피려는 독립군들을 위하여 글을 혈서처럼 쓰고 투쟁하는 항일 독립지사들을 위하여 햇빛과 공기와 물을 끌어들여 탄소동화작용을 시도한다고.

백양나무의 그 하얀 줄기는 뿌리에서 수액을 끌어올려 수풍발전을 일으키고, 푸른 이파리는 태양을 끌어들여 화력발전을 일으켜서 미래의 성냥개비와 신문지를 꿈꾼다고.

이 몸이 죽어서 무엇이 될꼬 하니, 청산리 독립군 성냥개비 되었다가, 독립군 담배 연기에 저물어 갈 적에, 마지막 빛을 발하는 노을로 타다가, 이 몸이 죽어서 무엇이 될꼬 하니, 상해의 임시정부 독립신문 되었다가, 우리들 소원이 이루어질 적에는, 푸른 잎 하얀 잎 손 흔들고 나오듯이, 영원한 활자로 인印 찍혀 남으리라고 시상을 떠올릴 무렵에 귀한 작가 한 분을 만나 뵙게 되었다.

그분이 바로 중국 조선족의 정신적인 지주인 김학철 선생이다. 1916년 함경남도 원산에서 태어난 그는 1938년에 중국 중앙육군군관학교를 졸업한 후 조선의용대에 입대하여 분대장으로 활약하다가 1941년 태항산 전투에서 일본군과 교전 중 부상을 입고 포로가 되어 일본 나가사키 형무소에서 수감생활, 다리를 잘린 채 해방 후 귀국하게 되는데, 1950년에는 북한에서 중국으로 망명, 1967년에『20세기의 신화』필화사건으로 이후 10년간 옥살이 끝에 복권되어 전업작가로 창작활동을 하고 있었다.

내가 2001년 5월 22일에 그 분의 아파트를 찾아 시 한편을 드렸는데, 4개월 만인 9월 25일에 타계하셨으니 연변 백양나무는 실로 의미심장하다.

불의에 항거하는 눈초리는
서릿발보다도 차갑고,
겨레 살리려는 애국심은
용광로보다도 뜨겁다.

일제의 잔혹한 감옥에서도
외다리로 꿋꿋이 섰던 모습은
백두산 취송보다도 푸르고
의총의 비문보다도 비장했다.

오오, 그 지조와 그 기개!
죽음의 문턱을 넘나들면서
모진 풍상을 견디어오셨네.

진시황의 위무로도 굽힐 수 없고,
양귀비의 영달로도 달랠 수 없는,
얼어붙은 빙벽과 타오르는 불길,

시들 줄 모르는 불사조였네.

그 얼음과 그 불길,
난류와 한류는 생명을 이끄나니,
님의 불타는 혼, 어이 아니 꽃피랴!
오오, 바위를 뚫어 푸른빛을 내는
솔뿌리보다도 질긴 외다리로 서서,

하늘을 이고 사는 푸른 정신 위에
노을도 양귀비 꽃잎을 흩뿌려
거룩한 분노의 핏빛으로 날리네

– **자작시**「**풍악송**風岳松 **외다리로 서다**」

보리누름

보리누름은 우리 조무래기들로 하여금 해찰을 하게 했다. 여기에서의 '보리누름'이라는 말과 '해찰'이라는 말을 아는 이는 그리 많지 않을 것이다. '보리누름'은 보리가 누렇게 익어갈 무렵의 철(계절)이라면, '해찰'이란 "일에는 정신을 두지 않고 쓸데없는 짓"만 하는 경우를 이르는 말이다.

우리 또래의 아이들이 등교할 때는 지각을 하지 않기 위해서 부지런히 걷지만, 수업을 마치고 귀가할 때는 해찰을 하기 마련이었다. 그 당시에는 집에 가봐야 고달픈 일을 맡기거나 심부름을 시키기 마련이어서 집에 일찍 가기가 싫은 아이들은 신작로 길에서 벗어나 보리누름이 한창인 금파백리金波百里의 보리밭 들녘에서 보리 서리를 하는 것이었다.

그때는 노릿노릿한 보리를 그슬려 가지고 비벼먹곤 했다. 젤리처럼 쫄깃쫄깃한 그 맛은 지금 생각만 해보아도 만족 이상의 것이다. 물론 그 때는 배가 고파서 무엇을 먹어도 맛이 있었지만, 그 무렵의 보리 서리는 그렇게 맛있을 수가 없었다.

추억이란 아름다운 것이어서 생각만 해보아도 내 가슴에서는 청보리 바람이 이는 것만 같다. 하늘은 왜 그리도 높은지, 종달새는 반 공중에서 우짖고, 아지랑이는 아질아질 배는 타라지게 고픈데도 청춘을 어깨 짜고 풋풋이 자라는 소녀들처럼, 보리는 보리끼리 풀잎은 풀잎끼리 남풍에 나부끼는 그 무질서한 질서들의 몸짓은 지금도 내 가슴에 싱그러운 바람으로 일렁이는 것만 같다.

저 경이로운 자연을 재단하는 이는 누구인가? 신神? 조물주? 절대자? 우주심? 근본? 제일원인? 음양의 본체? 생명 에너지의 근원? 지평선 가득히 결실로 채워주고 또 그것을 거두게 하는 그 눈짓의 주인은 누구인가?

보리누름에
보리밭 이랑을 가면
구름 속 가물가물
볼 붉힌 소녀가 보인다.

소녀는,
눈물이 헤픈
유랑극단의 바람.

그녀의
검정 치마폭
검게 그을린 보리를 비비면,

껄끄러운 기억을 비비면,
시원한 그 눈 속에
내가 보인다.

 여고생들의 매스게임은 그 대자연의 춤물결을 흉내 내는 데에 불과하다. 운동장 가득히 줄지어 출렁이는 몸짓들, 그 머리카락과 머리카락과 어깨와 어깨와 허리와 허리 곡선의 인파 가득히 황금물결로 굽이치는 초여름의 몸짓은 자연 만물과 인간세계를 섭리하시는 창조주의 절묘하고도 영원한 춤과 음악의 하모니가 아니겠는가.

생울타리 풍속도

　　　　　　　원추리 같은 여인의 생머리카락을 보게 되면 시골집 생울타리가 떠오를 때가 있다. 개나리건 골담초건 되는대로 꽂아두면 생울타리가 저절로 어우러지는 그 아래로는 우물 옆구리에서 솟는 생수가 샘도랑으로 흘러내렸다.

　한여름에도 얼음물같이 차가운 그 샘도랑물은, 잔모래를 들썩이며 솟아오르는 그 샘도랑물은 생울타리 가의 미나리꽝을 휘돌아 과수원께로 흘렀다.

　그 과수원에서 수밀도 바람이 불어올 무렵이면, 여인들은 밤마다 샘도랑으로 나와서 목욕들을 하였다. 여름 볕에 땀 흘리며 밭고랑 타고 가며 김을 매던 여인들이 목욕하는 밤 풍경은 그야말로 꿈길로 가는 파라다이스였다.

이웃과 이웃 간에는 개나리 울타리가 경계를 이루고 있었지만, 집과 집 사이의 구분일 뿐 벽이 아니었다. 이웃 간에 어느 한쪽이 떡을 만들거나 부침개를 부치는 경우, 어김없이 그 생울타리 사이로 넘겨주면서 솜씨는 없지만 먹어보라고 하는 것이었다.

이렇게 해서 이웃과 이웃 간에는 사소한 것이라도 나누어 먹는 습관으로 길들여져 있었다. 이런 현상은 학교에서 교육받은 것도 아니고, 어디까지나 조상 대대로 전해져 내려온 풍속 같은 것이었다.

우리 어머니는 인정이 많기로 유명했다. 언젠가는 마루에 앉아 계시던 어머니가 지나가는 여인을 불러서 마루에 앉게 하더니 자기 몫의 점심밥을 내놓았다. 그 여인은 극구 사양했으나 어머니는 막무가내였다. 배를 눌러보면서 빈속인데 그런다고 눈을 흘기며 기어이 먹여 보내야 마음 편해하시던 어머니였다.

"옥 같은 서리 쌀밥에 저리지를 감아 한 사발만 먹고프다던 '돌쇠엄마'는 해산한 뒤 여드렐 꼽박 감자 순만 먹다가 그

예 세상을 떠나고 말았다."

이 글은 신석정 시인의 시 「이야기」 중의 한 대목이다. 신석정 시 가운데 「산중문답」에는 다음과 같은 구절도 있다.

송화가루 꽃보라 지는
뿌우연 산협.

철 그른 취나물과 고사릴 꺾는
할매와 손주딸은 개풀어졌다.

할머이
〈엄마는 하마 쇠자라길 가지고 왔을까?〉
〈……〉

풋고사릴 지근거리는
퍼어런 잇빨이 징상스러운 산협에
뻐꾹
뻐꾹 뻐억 뻐꾹

굶주림에 지친 할머니와 손녀딸이 이미 철이 지나버린 산채를 먹어보려고 채취하다가 맥없이 쓰러지고 뻐꾸기만 운다는 이 시에는 그래도 갈등 없는 인간과 자연의 조화를 보인다.

 그랬었는데, 너무 잘 먹어서 배 터져 죽을 사람들이 이웃이야 죽건 말건 수십 억, 수백 억 원씩 해먹는 사회현상을 보게 될 때 그 시골 생울타리 시절이 그리워진다.

장독대 풍경

　　　　　　　　장독대는 초가집이건 기와집이건 부엌 뒷문으로 통하는 집 뒤쪽에 있기 마련이었다. 명당 풍수설을 긴요하게 여겨서인지, 모든 집들은 대개 뒤로는 뒷산을 등지고, 앞으로는 내[河川]가 바라보이는 곳에 앉아 있기 마련이었다. 집의 뒤란에는 대밭이 있어서 대나무 사이사이로 비비새가 지저귀고, 대밭 바로 그 아래 한쪽에는 장독대가 있어서 크고 작은 독들이 올망졸망 놓여 있기 마련이었다.

　그 장독대를 만드는 일이야 남자들이 하지만, 그 장독대를 이용하는 이는 여인들의 몫이었다. 우리 집에서는 할머니와 어머니가 주로 사용하지만, 때로는 누이동생도 어른들 심부름으로 부리나케 오르내리곤 하였다. 장독대란 장독을 놓을 수 있도록 땅바닥보다 좀 높게 만든 대臺를 말하는데, 어머니는 그 주변에 봉선화와 채송화, 맨드라미, 해바라기 등을 심는가 하면, 도라지나 돌나물 등을 심어서 채취하기도 하였다. 어머니는 장독대 주변뿐만 아니라 앞쪽의 개나리 생울타리 주변으로도 심었는데, 그게 그렇게 고울 수가 없었다. 여름이면 어김없이 분홍·빨강·주홍·보라·하양 등의 꽃이 색색으로 피었다.

그도 그럴 것이, 여름마다 분홍·빨강·주홍·보라·하양 등의 꽃이 피는 봉선화뿐 아니라, 빨강·노랑·하양 등의 꽃이 피는 채송화, 닭의 볏모양의 꽃이 빨강·노랑·하양 등 여러 가지 빛깔로 피는 맨드라미 등으로 장독대 주변은 총천연색 무대가 펼쳐지기 마련이었다. 맨드라미는 계관초鷄冠草라 하지만 맨드라미꽃은 계관화鷄冠花라 했다.

봉선화鳳仙花 하면, 우선 "울밑에 선 봉선화야 네 모양이 처량하다……"고 하는, 노래부터 떠오른다. 이 노래를 가리켜 '한국의 영가'라고 한다. 흑인 노예들이 목화를 재배하면서 '흑인영가'를 불렀던 것처럼, 우리 겨레는 일제의 질곡에서 '봉선화'를 불렀기 때문이다. 그것은 눈물 속의 햇살로서 절망을 딛고 일어서려는 소리 없는 아우성의 몸짓이었다.

요즈음 도시의 아파트촌에서는 장독이 처치곤란이라 수난을 겪고 있다. 성한 독을 망치로 깨뜨려 쓰레기봉투에 넣어 버려야 하기 때문이다. 어느 여인은 들고 있던 망치로 항아리 옆구리를 세차게 내려치자 할머니와 어머니의 한이 소름끼치는 비명으로 섞여 나왔다고 했다. 밤새 내린 하얀 눈을 밟으며 장을 뜨러 가던 할머니의 모습이 아른거리고, 행주에 물을 적셔가며 독을 닦던 어머니의 손끝이 떨리는가 하면 이미 깨져버린 독의 잔해 속에 여인들의 정한情恨이 꿈틀거린다고도 했다.

여름날의 추억 - 나의 노랫말 작시기作詩記 -

중국 연변대학에 가있을 때였다. 그곳 시인들 가운데 노랫말을 작사하는 모임이 있었는데, 그 대표인 이상각 시인이 나를 거기에 합류시켰다. 연변 자치주 주정부에서 예산을 타다가 풍광 좋은 연자산장燕子山莊에서 5일 동안 침식을 하면서 자유롭게 작사를 하는가 하면, 가사를 가지고 토론에 붙여서 다듬기도 하는 것이었다.

그런 조탁의 과정을 거쳐서 노랫말이 완성되면, 그 다음으로는 작곡가들이 그 가사를 가지고 5일 동안 함께 침식을 하면서 작곡을 하고, 작곡이 완성되는 마지막 날에는 가수들이 와서 노래를 부르는 것이었다. 그때 나는 4일 동안에

6편의 노랫말을 지어내게 되었다.

달이 휘영청 밝은데, 잠은 오지 않고 해서 툇마루에 걸터앉아 동산을 바라보고 있을 때 문득 윤오영 선생의 수필「달밤」이 생각났다. 그「달밤」에는 그가 달이 몹시 밝아서 김 군을 찾아 나섰다가 그는 만나지 못하고 돌아서다가 맞은편 집 툇마루에 앉은 노인과 얘기를 나누게 되는데, 농주를 한 사발씩 나누어 마시고 헤어진다는 얘기였다.

나는 그 얘기를 패러디해서 노랫말을 쓰기 시작했다. 농촌의 달밤 풍경이 아름다울 뿐 아니라 처음 보는 생면부지生面不知와 죽마고우竹馬故友처럼 다정하게 농주를 나누어 마시는 그 인정미학이 너무도 좋아 보였기 때문이다.

　　살구나무 가지로 기어오른 달이
　　너무도 밝아서 달빛 밟고 나서니
　　툇마루에 앉아서 농주 마시던 노인이
　　달빛을 안주 삼아 취해 보자네
　　바람은 산들산들 불어오고
　　잠이 없는 별들은 반짝이는데
　　노인은 잠이 들고 나만 남았네
　　얼근한 보름달과 나만 남았네

이 「달밤에」라는 노랫말은 최연숙 작곡, 안용수 노래로 제작되었다. 다음으로, 「반딧불 냇물이 흐르네」에 얽힌 에피소드를 얘기하고자 한다. 한 밤중 잠에서 깨어나 밖으로 나왔을 때 그 숲 속에는 수많은 반딧불들이 반짝이고 있었다. 그 반딧불들은 한국의 것보다 작았지만, 밝기는 전깃불처럼 밝았다. 중국의 깊은 산중의 숲 속에서 깊은 밤에 바라보는 반딧불은 그렇게 경이로울 수가 없었다.

문득, 일본 영화 홋다루가와(螢川)가 떠올랐다. 이 영화는 장호강 장군 시인과 함께 이곳 만주벌판에서 광복군으로 독립운동을 하던 문상명 시인이 영화진흥공사에 있을 때 시사회에서 본 작품이었다. 한말에 의병으로 투쟁하다 만주로 건너가 독립운동을 하던 부친(문석택)의 차남으로 출생한 문상명 선생은 임시정부 산하 광복군 제3지대원으로 일본군의 점령지인 하남성 개봉에서 지하운동을 하다가 해방 후 귀국하여 6·25 때 참전한 분이었다.

그 영화에서는 고향 얘기가 나오는데, 반딧불이 마치 시냇물이 흐르듯이 그렇게 산골짜기에 반짝이는 것이었다. 그 순간에 나의 뇌세포에는 알전등이 켜지는 것만 같았다. 창조적 상상력은 노랫말을 향하여 분해와 결합과 변화를 시도하는 것이었다. 나는 한밤중에 노랫말 가사를 쓰기 시작하였다.

> 반딧불이 냇물처럼 흘러내리네
> 산천은 고요히 잠이 들고
> 만월은 하늘에 떠서 가는데
> 오작교 밑으로 반딧불이 흐르네
> 아아- 아아- 하늘에는 별무리
> 땅에는 반딧불 반딧불이 냇물처럼 흘러내리네
>
> 반딧불이 냇물처럼 흘러내리네
> 첫사랑 빛나는 눈동자처럼
> 티없이 맑은 물 반딧불 냇물
> 이 세상 어디에도 찾을 수 없어라
> 아아- 아아- 하늘에는 별무리
> 땅에는 반딧불 반딧불이 냇물처럼 흘러내리네

이 가사는 최연숙 작곡, 박경숙 노래로 중국인민방송에 방송되었고, 「꽃잎처럼」, 「그리움」, 「눈꽃」, 「달걀생각」과 함께 여섯 곡이 녹음띠(카세트)로 만들어져서 귀국할 때 가져오게 되었다.

해마다 여름이면 중국조선족 시인들과 함께 작사와 작곡을 했고, 중국조선족인민가무단 가수들이 노래를 부르던 그 연자산장燕子山莊이 눈앞에 선하게 떠오른다. 그곳은 우리의 조상들이 농사를 짓는가 하면, 조국독립을 위해서 일본군과 치열하게 혈투전을 벌이던 곳이 아닌가. 아니, 고구려 그 이전의 고조선 시대에도 우리의 조상들이 말달리며 살던 곳이 아닌가.

초가집 마당가에 봉선화 채송화 맨드라미 해바라기가 지천으로 피어있는 곳, 인정이 너무도 많아서 냉면과 개고기 인심을 감당하기 힘들어하던 곳을 고향 찾듯 찾아가고 싶었다. 그러나 올해도 가기는 틀린 것 같다. 금년도 해외세미나를 그곳 연변대학에서 하기로 하였으나, 베트남에서 하자고 도중에 누군가가 비틀었기 때문이다.

조약돌의 노래

영국의 시인 T. S. 엘리어트의 장시 「황무지荒蕪地」에서 "4월은 잔인한 달"이라 했는데, 요즈음의 세태는 "3월은 잔인한 달"이 아닌가 한다. 세계 제1차 대전 후의 황폐한 정신 상황을 진단한 「황무지」는 종교에서의 이탈은 황폐의 근본이라 했는데, 달라이 라마와 더불어 세계 종교계의 꽃으로 일컬어지는 틱낫한 선승의 한국 방문은 가뭄에 비오듯 반가운 손님이 아닐 수 없다.

미국의 이라크 공격으로 인해 전쟁이 발발한 시점에 한국을 찾은 그는 조용하면서도 힘이 있는 말로 사람들의 마음을 사로잡았다. 누구에게나 열린 마음으로 고통을 평화로 꽃피우는 실천력과 함께 명쾌한 가르침으로 감명을 주기 때문이 아닌가 한다. 그는 "깨어있으면 오렌지 하나를 봐도 그 자체가 기적임을 알게 된다. 깊숙이 들여다보면 아름다운 꽃과 빛나는 태양을 볼 수 있다."고 하면서 하느님의 왕국은 고통이 없는 곳이 아니라고 했다. 고통이 없이는 이해와 자비를 배울 수 없기 때문이라는 것이다.

그는 "행복은 고통 없이 이뤄지지 않는다. 쓰레기더미가 썩어 흙이 되고 그 속에서 꽃이 피어난다. 수행을 하면 쓰레기더미를 보았을 때 그 안에 이미 상추와 토마토가 자라고 있음을 볼 수 있다. 건강한 종교란 우리의 자비심과 이해심에 의해 고통을 행복과 건강함으로 바꿔주는 종교라 생각한다."고 했는데, 이 말은 문학예술에도 그대로 적용된다.

입체성과 원접성을 띠고 있는 이 말은 열린 마음을 통해 성속聖俗의 자유왕래와 종횡무진을 가능케 하기 때문이다. 열린 종교의 내용은 문학을 위대한 문학으로 생장할 수 있는 정신적인 양질의 자양이 되어주는데 비하여 그 지나친 형식은 예술성을 굳어지게 하는 면이 있기 때문이다.

서재의 창문 밖에는 산수유 사이사이로 장독대가 보이고 있어서 아름다운 풍경을 돕고 있지만, 최근의 신문에는

"강자만 말할 수 있는가"라든지, "두려움과 분노가 전쟁의 씨앗"이라는 등의 검은 활자들이 눈을 부릅뜨고 있음을 보게 된다. 유엔의 목소리도 기어 들어가고, 머리가 깨어져 피를 쏟고 있는 소년과 두 팔을 잃은 채 울고 있는 소녀, 이들의 울음소리를 뭉개버리는 전폭기와 탱크들이 피에 굶주린 맹수들처럼 시뻘건 불을 뿜으며 살상에 광분하고 있음도 보았다.

사람이 사람을 어떻게 효과적으로 살상할 수 있으며, 종전 후에는 어떻게 효과적으로 요리해 먹을 수 있을까 하는 것을 치밀하게 계획한 그 계산에 의해서 시도되는 전쟁의 현실은 참으로 요지경 속이라 할만하다. 21세기는 벽두부터 새로운 시대를 알리는 유언을 하고 있는 듯하다. 전쟁과 평화가 엎치락뒤치락하는 가운데 인류는 불안과 공포의 전율 속에서 신음하고 있다.

어디로부터 어떻게 그리고 왜 오는지도 모르는 이 불안과 공포의 전율 속에서 신음하는 인류는 체념을 토로한다. 사방팔방 아무리 돌아보아도 빛이 보이지 않는다고. 그러나 손자병법에도 완전 포위란 있을 수 없다고 했다. 밤이 깊으면 새벽이 가까워 온다고 했다. 틱낫한 스님이 쓰레기더미에서 상추와 토마토를 보는 것처럼 우리는 상상의 해변에서 미래에 들려올 조약돌의 노래를 들을 수 있어야 한다. 평화를 지향하는 종교와 예술이라는 부드러운 손길에 의해서 원시언어로서의 맑은 소리를 내는 조약돌의 노래를 듣기 위해서 우리는 문학 작품을 통하여 조약돌의 노래를 준비해야 한다.

마음의 장난

　　　　　　　문학에 있어서 사상과 정서는 불가분의 상호 보완관계에 있다. 그것은 마치 인체에 있어서 뼈와 살의 관계처럼 상호 없어서는 안 될 필요불가결의 요소라 하겠다. 따라서 훌륭한 시작품을 위해서는 사상과 정서가 균형 있게 조화되어야 한다는 데에는 더 말할 나위가 없을 것이다.
　그런데 유감스럽게도 우리의 현실은 그렇지 못한 형편에 있다. 비뚤어진 사상과 오염된 정서에 물들어서 문학 본령의 제 길을 가지 못하는 게 현실이다. 비단 문학의 영역에 국한되는 게 아니다. 우리나라의 정치, 경제, 문화, 사회 등 모든 분야에서 발생하고 있는 문제들의 그 근저에는 뿌리 깊은 증오의 사상이 원인이 되고 있음을 알 수 있다.

문단에서는 순수와 참여의 논쟁이 치열했었다. 정치, 사회에서는 진보와 보수, 좌와 우의 논쟁이 뜨거웠다. 이러한 사상은 남남 간의 갈등을 부채질하고, 유산자와 무산자의 갈등을 조장하기도 했다.

이 사상 문제를 거슬러 올라가면 맑스 레닌주의까지 소급하게 된다. 맑스는 양심적인 학자로서 정의감에 불탔지만 그 흥분한 정서는 모순의 투쟁 철학을 낳는 우를 범했다. 만국의 노동자여 단결하라! 다수의 노동자를 억압하고 착취하는 소수의 자본가를 타도하고 인류 모두가 평등하게 잘 사는 노동자의 천국을 만들자고 외쳤다. 능력껏 일하고 소요하는 만큼 분배받는 세상을 만들자고 했다. 그러나 그러한 지상천국은 오지 않고 절대빈곤의 늪에 빠지고 말았다.

고자가 말한 대로 인간의 성이나 동물의 성이나 마찬가지지만 사회적 노동을 통해서 진화하므로 혁명에 동참하는 자만 인간으로서의 대접을 받을 수 있다고 하는 유물사관이라는 역사 이론을 그럴듯하게 창출했지만 그대로 되지 않았다. 그 이론에서는 물질의 유무에 따라서 선악을 규정

짓는 무서운 살인의 철학이 대두되었고, 그 이념에 의해서 이 지구상에서는 수많은 사람들이 목숨을 잃었다. 그 결과 신을 부정함으로써 인격의 기준이 있을 수 없는 공산주의는 망하고, 신을 인정함으로써 예수, 석가, 공자 등 인격자를 숭상하는 자유 민주주의는 향상 발전하게 되었다.

"기업은 근로자의 적"이라거나 "노조는 기업의 걱정꺼리"라고 대립 투쟁의식을 버리지 못한 채 노조는 자신들이 약자라서 투쟁을 통해 자기들 몫을 빼앗아야 한다는 것이고, 경영측은 노조의 그런 생각이 시대에 뒤떨어진 것으로 나라 경제와 사회 발전에 해가 될 뿐이라는 입장을 고수하고 있다.

맑스의 주장 가운데는 '계란'의 예를 들어서 혁명을 합리화한 게 있다. 계란을 보라. 계란의 껍질(자본가, 기업가)이 그 안에 있는 흰자와 노른자(노동자)를 억압하고 있지 않느냐. 오랜 양적 변화의 기간을 거쳐 질적 변화(혁명)로 깨어난 병아리(노동자)가 껍질(자본가)을 쪼아 먹듯이 결국은 자본가를 타도하고 평등한 사회를 만든다고 했는데, 거기에 바로 모순이 있었던 것이다.

계란 껍질이 흰자 노른자를 억압한다고 하지만, 만일에

그 껍질이 없다면 흰자 노른자가 생장하여 병아리로 자랄 수 있을까? 노동자들은 기업가를 원수시하지만, 그 기업가가 망해서 없어지면 노동자의 임금은 누가 주겠는가?

지금 세계는 급변하고 있다. 100년 전에 맑스의 그럴듯한 주장을 믿던 나라들이 다 망했는데, 그 실패한 잿더미에 남은 부스러기를 가지고 잠꼬대하듯 생각을 바꾸지 못하는 꼴을 보면 참으로 한심하기 짝이 없다. 맑스가 헤겔의 변증법을 차용하여 유물변증법으로 정반합正反合 이론을 폈다면, 우리 문인들은 화해와 평화의 정분합正分合 이론을 작품에 스며들게 해야 할 것이다.

일제 때 이야기다. 일본유학생들이 대학생 때 공산주의를 모르면 지성인이 아니고, 대학 졸업 후에도 공산주의를 신봉하면 바보라는 말이 있다. 시대 뒤떨어진 누더기를 덕지덕지 걸친 사람들이 아직도 우리 사회에서 존재하는 것은 그릇된 마음의 장난의 결과라 하겠다. 1989년 베를린 장벽이 무너지고 동유럽의 공산주의 정권들이 붕괴한 지 많은 시간이 지났는데도 시대의 흐름을 읽지 못한 채 민노당 주사파들은 낡은 이념을 답습하고 있으니 한심하기 그지없다. 이게 다 마음의 장난이다.

누에의 똥과 활자의 똥

　　　　　　　다섯 잠을 자고 난 누에가 명주실
을 뽑아내기 전에는 반드시 마지막 똥을 누게 된다. 누에의
체내에서 똥이 빠져나오게 되면 누에는 투명해지게 된다.
결국 누에의 체내에 있는 투명한 체액體液이 누에고치로 변
하게 되고, 그게 명주실이 되어 비단으로 거듭나게 된다.

　누에가 실을 토하여 제 몸을 둘러싸고 만든 타원형의 집
은 명주실을 뽑아내는 원료가 되는데, 이것을 물레에 돌려
명주실을 뽑아냄으로써 명주라는 비단이 탄생하게 된다.
활판의 활자도 이와 흡사한 과정에서 똥이 제거된다. 주조
기로 납을 녹여서 활자를 만들게 되는데, 문선과 조판, 인쇄

과정을 거쳐서 마모되고 기름먹은 그 활자들은 다시 주조기에서 녹아 활자로 주조될 때에는 일정량의 납똥이 빠지게 된다. 즉 먼지와 기름때와 함께 저질의 납 일부분은 새롭게 거듭나는 활자를 위해서 사라지는 것이다.

그러니까 명주 비단의 탄생을 위해서 누에가 똥을 싸는 것이나 활자의 재생을 위해서 기름먹은 일부의 납똥이 사라지는 그 이치는 동일하다. 세상 이치란 이와 마찬가지여서 취할 것과 버릴 것이 있기 마련이다. 즉 불변성과 가변성이다. 시가, 문학이, 예술이 영원하다는 것은 불변성이요 변해야 한다는 것은 가변성이다. 불변성은 본질에 기준을 두고 가변성은 그 방법에 기준을 둔다.

시가, 문학이, 그 범주는 예술이라는 유개념에 속하는 종개념이지만, 그 소성에 있어서는 모두 아름다움을 추구한다는 점에서는 이의를 제기할 사람이 없을 것이다. 그러나 그 방법에 있어서는 개개인의 취향에 따라서 천차만별의 차이가 발생한다. 그 다양성은 당연하다.

그런데 문제는 예술의 본질과 방법, 시의 본질과 방법에 있어서 선명하지 못하고 무엇이 무엇인지 지리멸렬支離滅裂하다는 데에 문제가 있다. 갈가리 흩어지고 찢기어 갈피를 잡을 수 없이 되어 있는 것이다. 노래방에서 노래 몇 곡 부르고 자기는 가수라고 행세하는 사람처럼, 문학이 무엇인지도 모르는 채 문인행세를 하려는 사람들이 너무도 많은 세상이다.

이러한 문학 인플레현상이 왜 생겼는가? 문학의 본령本領을 잃었기 때문이다. 예술의 본질이 균형 있는 조화와 자연스러움, 편안함을 주는 성질의 것이라면, 문학의 본질, 시의 본질도 여기에 이탈할 수 없다. 아무리 새로운 실험이나 낯설게 하기를 시도한다 할지라도 그것은 어디까지나 예술성을 외면하지 않는 성격의 것이어야 한다.

이름 좋은 대한민국은 우리나라 생일인 단군기원檀君紀元을 버리고 서력기원西曆紀元만 쓰고 있다. 이것은 나의 쓸개를 빼어 던지고 남의 쓸개만으로 살고자 하는 생활태도다. 그래서 대한민국 국민은 적어도 정신적인 면에 있어서는 조상도 모르고 생일도 모르는 채 천애 고아가 되어 있다.

우리나라는 3·1운동의 이념과 대한민국 임시정부의 법통을 계승해 건국되었다고 헌법 전문에 명시되어 있거니와 3·1운동의 독립선언서에는 "조선건국 4252년"이라고 명기되어 있다. 임시정부의 법통을 이어받아 광복 후에 건국된 대한민국에서도 단기를 썼었는데, 오늘날엔 왜 서기만을 쓰고 있는가?

군사정부에 의해서 서기만을 써오던 것이 바뀌지 않았다면, 이제부터라도 단기와 서기를 병용하지 않는다면 정신적인 면, 문화적인 면에 있어서는 군사정부의 연장이라고 할 수밖에 없다. 그 '연장'이라는 말이 과하다면 '잔재'가 남았다는 말로 대치할 수는 있다. 군사정부라는 '납똥'이 주조기에 고스란히 남아돌아가기 때문에 깨어진 활자가 돌아가는 셈이 되는 것이다. 그래서 단군 할아버지의 목을 자르는 놈이 나오는가 하면, 백범 김구선생을 테러리스트라고 주장하는 인간 말종도 나오는 것이다. 자기를 존재하게 한 그 존재 자체를 부정하는 납똥 같은 인간 말종!

납똥을 빼지 않아 잘못 주조되어 나온 흉물, 그 깨어진 활자活字처럼…….

야자 타임

　　　　언제인가 학생들과 함께 조국순례를 하던 때의 일이었다. 동해의 어느 해변에 이르렀을 때였다. 대학생들과 젊은 교수들 사이에 '야자타임'이라는 것을 하는 모양이었는데, 나는 거기에 응하지 않았다. 실은 응하지 않았을 뿐만 아니라 일부 교수들에게 무슨 해괴한 짓을 하느냐고 나무라기까지 하였었다.

　'야자타임'을 한다는 그 시간만은 학생들과 교수들이 서로 친구처럼 허심탄회하게 터놓고 얘기한다는 것이었는데, 나의 상식으로는 받아들일 수가 없었다. 여장을 풀고 해변을 거닐 때였다. 학생들이 갑자기 교수들에게 달려들어

팔과 다리를 붙들어서는 해변의 물속으로 던져 넣는 것이었다. 실로 눈 깜작할 순간에 벌어진 일이었다.

나에게도 달려들어 그렇게 하려는 것을 "아버지 같은 스승을 물에 쳐넣어도 되는 게야?" 하고 소리치자 녀석들이 마음에 찔리는지 움찔하고는 나를 모래밭에 내려놓았다. 그 날, 나는 무사했지만, 외국인 교수를 포함하여 몇몇 젊은 교수들은 옷을 입은 그대로 바닷물에 던져져서 물에 빠진 생쥐 꼴이 되었는데, 이것은 바로 그 '야자타임'의 연장선상에서 벌어진 그 결과였다.

어느 한 가정이나 사회나 국가나 그 형태는 상하와 좌우, 종적 수직과 횡적 수평이라는 네 위치로 되어 있기 마련이다. 쉽게 말해서 부모와 자식이라는 종적 관계와 부부나 형제라는 횡적 관계로 되어 있다. 이것을 더욱 확대하면 사회나 국가도 역시 종縱과 횡橫, 수직과 수평의 네 위치, 즉 사위기대 원리로 되어 있음을 알 수 있다.

아무리 평등 사회라 해도 자녀들이 부모를 투표로 선출할 수 없듯이, 스승 또한 제자들이 뽑아서 되는 것도 아니다. 아무리 평등사회가 만연해도 모든 게 다 평등일 수는 없는 일이다. 즉 종적 위치와 횡적 위치는 변함없이 존재한다는 사실이다. 다만 횡이 만연하면 종이 흔들리는 현상은 나타날 수 있다.

요즈음 세상 돌아가는 것을 보면 횡행하는 횡에 의해서 종이 훼손되는 현상을 보게 된다. 특정 이익집단은 막가파식으로 밀어붙이고, 정부 관료들은 무기력하게 무너지는 현상이 나타난다. 나라야 망하거나 말거나 내 이익만 챙기면 된다는 식의 일부 몰지각한 집단도 문제려니와 원칙과 소신이 없이 끌리고 밀리는 정부 당국도 문제다.

이상적인 가정이나 국가 형태는 인체 구조와 동일하다. 신경계통의 뜻에 의하여 사지백체가 움직이고, 사지백체 어느 한 부분에 이상이 생기면 그 즉시 신경계통에 전달되어 수습하듯이, 정부와 국민 간의 상의하달上意下達과 하정상달下情上達은 당연한 기본 상식이다.

유감스럽게도 대한민국은 주인다운 주인이 없다. 주인은 자기 집에서 자가의 돈을 훔칠 필요가 없다. 그런데 국가의 돈을 숨긴 대통령이 있었다. 재벌에게서 받은 돈을 **빼돌려**서 숨긴 대통령이 있었고, 수십, 수백억 원을 소위 떡고물이라고 해서 **빼돌린** 국회의원이나 장관이 있었다. 그래서 아무리 높은 지위에 있는 사람도 권위가 서지 않고 말이 씨가 먹히지 않게 되었다.

　부모가 부모답지 않은 집구석의 아이들은 자녀다울 수가 없다. 그리하여 공무원들이 장관을 지명수배하는 나라가 되었다. 이는 정부 공무원들의 공직기강이 어느 정도 흐트러졌는지를 단적으로 보여주는 사례라 하겠다. 대통령과 노동부장관 등을 공범으로 지목하기까지 했다. 이는 횡橫이 종縱을 훼손시키는 단적인 예가 되겠다.

　관기官紀가 무너지면 군기軍紀도 무너지고, 권력기관의 기강도 무너질 위험이 높다. 이래도 정부는 솜방망이로 본질에서 비껴가겠는가. 녹슨 쇠로는 기계를 깎는 기계를 만들 수가 없다. 정치가이건 공무원이건 노동자이건 녹슨 쇠와 같은 존재는 모두 용광로에 들어가서 다시 태어나야 한다.

　우리는 동양적 인간형으로서의 매력인 호연지기浩然之氣로 돌아가 대장부로 거듭나야 한다. 그것은 "천하에 가장 넓은 집[仁]에서 살고, 천하에서 가장 바른 자리[禮]에 앉으며, 천하에서 가장 큰 길[仁義의 道]을 걷는다. … 부귀도 그 뜻을 어지럽히지 못하고, 빈천도 그의 뜻을 움직이지 못하며, 위무威武도 그의 뜻을 굴복시키지 못한다."는 내용을 통해서 가능하게 된다. 이러한 사람이라야 대장부라 할 수 있기 때문이다.

  오늘의 문제는 어떻게 하면 졸장부들이 대장부가 될 수 있느냐에 있다. 말로만 번지르르 천당 가는 종교, 제자도 스승도 없는 교육, 철학이 없는 예술, 썩어 냄새나는 정치에 숨이 막히는 현실에서 문인 역시 거듭나야 한다. 썩어 흐르는 시궁창을 정화시킬 수 있는 이 시대의 정화조로서의 자정능력이 있는지, 글을 쓰기 전에 곰곰이 생각해 볼 일이다.

선물과 뇌물

　　　　　　　　　　나에게서 시를 레슨 받는 이에게서 전화가 왔다. 시를 함께 배우는 동료에게서 들은 말인데, 그가 나에게 술을 선사했더니 시를 더 잘 지도해 주더라는 것이었다. 그러면서 그가 하는 말이 '선생님은 그런 분이냐'는 것이다. 좀 더 쉽게 말하자면, 선생님은 선물을 주는 사람에게만 잘해주는 그런 분이냐는 것이다.

　순간, 나는 아닌 밤중에 홍두깨라고, 뒷통수를 얻어맞은 기분이 된 채 그저 얼얼한 기분이 되어 앵앵거리는 수화기를 들고 아연할 수밖에 없었다. 가까스로 생각을 가다듬은 나는 나에 대한 판단이나 평가는 각자가 알아서 할 일이지

내가 일일이 어떻게 하겠느냐고 하면서, 인격적으로 존경하는 사람은 존경할 것이고, 뇌물이나 받아먹는 재미로 사는 비인격자로 보는 이가 있다면 그것도 하는 수 없다고 수화기를 놓았다.

전화를 끊고 생각하니 괘씸한 생각도 들고 허무한 생각도 들었다. 정성을 대해서 살아온 삶이, 최선을 대해서 살아온 삶이 다 부질없는 짓이라는 생각이 들면서 세상사가 허무하게 느껴졌다.

중국엘 여행하고 왔다는 이에게서 중국산 귀주貴酒를 받아들 때 나는 즐거운 선물로 여겼었다. 그런데 그것이 이렇게 뇌물로 둔갑하다니, 참으로 무섭다는 생각이 들었다. 다행스럽게도 선물인지 뇌물인지도 모를 그 물건을 나는 손도 대지 않은 상태여서 돌려줄 수가 있었다. 선물이 아닌 뇌물을 받을 수는 없기 때문이었다.

선물膳物이란 기분 좋게 주고받을 수 있는 선사 물품을 말한다면, 뇌물賂物이란 자기의 목적을 이루기 위하여 특별한 편의를 보아달라는 뜻으로 주는 부정한 금품을 말한다. 사회를 병들게 하는 정경유착도 실은 직권을 이용하여 특별한 편의를 보아달라고 권력 관계자에게 몰래 주는 재물과도 관계가 깊다 하겠다.

그들의 수억, 수십 억, 수백 억의 뇌물에 비하면, 내가 받은 중국술은 조족지혈鳥足之血에 불과하지만, 저 아테네 시대에 소크라테스가 죽으면서 살아생전에 빚진 닭 한 마리를 갚아 달라던 그 유언에 비하면 결코 미미한 것이라고 소홀히 생각할 수가 없다.

흔하게 쓰는 상식적인 말로 인지상정이라는 말이 있다. 사람이면 누구나 다 가지는 보통의 인정을 말한다. 이러한 인정은 미풍양속과도 관련이 깊다. 예로부터 지켜 내려온 생활에 관한 사회적 풍속을 나쁘게 말하는 사람은 아무도 없을 것이다. 부를 탐하기 마련인 자본주의 사회에서 뇌물이 횡행하다 보니 미풍양속까지도 싸잡혀서 파괴되는 것으로 여겨진다.

세상이 강퍅해지고 무섭게 변하다보니 인지상정이라는 말이 실감될 때가 있다. 대학에서 다 같은 제자라도 방학이 끝나고 개학이 되었을 때 교수연구실에 들어와서 방학을 건강히 잘 지내셨느냐고 인사하는 학생이 잘 해야 한두 명 있을까 말까하는 현실에서 인지상정이란 눈물겹게 고마운 말이기도 하다.

학생들이 돈을 내고 지식을 사가는 그런 기업경영의 형식으로 기능 위주에서 본질이 흐려져 가는 듯한 현실이 개탄스러웠다. 수업을 하러 강의실에 들어갔을 때 누군가가 종이컵에 담긴 200원짜리 커피를 교탁 위에 놓아둔 것을 보았을 때 그래도 희망이 있다고 자위하면서 보람을 갖게 되는 것은 몰인정한 현실에 대한 치열한 반동이기도 하다.

그랬는데, 그렇게 살아왔는데, 그리고 여행에서 돌아온 제자가 스승의 고마움을 알고 그 멀리에서 구해온 귀주를 대접할 줄 아는 예의바른 태도에 인지상정으로 그의 원고에 특별히 신경이 더 갔는지는 모르겠다. 그러나 평소에 무관심하거나 부실하게 처리하다가 귀주를 받음으로 말미암아 특별히 잘 지도했다는 얘기는 나에 대한 모독이 아닐 수 없다.

이러한 경우가 생길 때면, 나는 세상에 기대를 걸지 않기로 한다. 세상에, 나의 삶에 기대를 걸면서 최선을 다하게 되면, 그 기대에 미치지 못하게 될 때 실망하기 때문이다. 실망할 뿐 아니라 좌절할 때도 있다.

물론, 진정한 사랑이란 주고 잊어버리는 것이라는 이치쯤은 나도 안다. 그러나 이러한 사랑은 아무나 할 수 있는 사랑이 아니다. 성인이라든지 그에 버금가는 절대적인 가치의 사랑에서만 가능하다. 나 같은 범부 중생은 머리로만 알 뿐, 가슴으로 언제나 변함없는 사랑을 베푼다고 할 수는 없다.

가령 나에게서 문학 지도를 받은 학생들 중에는 시나 소설 작품으로 대학의 문학상을 수상하여 30만 원에서 50만 원까지의 상금과 상패를 받는 일이 종종 있어 왔는데, 상패를 보여주면서 고맙다고 인사하는 경우를 한 번도 본 일이 없다.

넥타이도 매고 정장 차림으로 길을 가는 사람에게 도와달라고 애원하는 사람이 있었다 하자. 그의 청을 거절하지 못하고 진흙 구렁에 빠진 차를 밀어줄 때 타이어가 헛바퀴 도는 바람에 흙탕물이 튀어 박혀 신사복이 젖었다고 가상하게 될 때, 차의 주인은 차가 그 진흙 구렁에서 빠져나가게 될 때 그냥 가면 안 된다. 밀어주어서 고맙다고 인사라도 하는 것이 당연한 상식이다.

그러나 오늘의 젊은이들 중에는 차가 빠져나가게 될 때 뒤도 돌아보지 않고 꽁지야 날 살려라 하고 내달리는 게 보통이다. 여기에는 인지상정이 통하지 않는다. 이게 오늘의 현실이다. 지은보은知恩報恩이라는 말이 통하지 않는 사회 현실이다.

맹자가 말한 사단四端을 다시 살펴보아야 할 때가 아닌가 한다. 측은지심惻隱之心과 수오지심羞惡之心, 공경지심恭敬之心과 사양지심辭讓之心이 바로 그것이다. 불쌍히 여기는 측은지심은 어진 마음[仁]으로 나타나고, 자기의 옳지 못함을 부끄러워하고, 남의 옳지 못함을 미워하는 수오지심이라든지, 어른에게 공손히 대하고 존경하는 공경지심, 겸손하여 남에게 사양할 줄 아는 사양지심이 바로 그것이다.

연탄 사상

　　　　　　　　　가파른 오르막길을 젊은 부부가 연탄 구루마를 끌며 밀며 오르고 있었다. 추운 겨울 날씨인데도 땀을 뻘뻘 흘리면서 잔뜩 힘을 들여 역사를 하는 두 남녀의 얼굴엔 연탄가루가 까맣게 묻어 있었다. 살을 에이는 듯한 바람이 또 한 차례 흙바람을 일구면서 지나가는데도 눈들을 내리감은 채 소처럼 묵묵히 비탈길을 오르고 있었다.

　관악산 줄기가 북으로 내려오다가 뚝 그친 사당동, 그러니까 십 년 전만 해도 사당리로 불리워졌던 서울 보통시의 호젓한 골목길에서 나는 연탄집 부부의 연탄 배달하는 모습을 바라보고 있었다. 김규련 선생의 글에서 읽은 것처럼,

연탄 손수레의 앞쪽이 땅에 가까우면 남편이 아내의 힘을 덜어 주는 것이고, 앞부분이 쳐들리고 뒤쪽이 땅에 가까우면 아내가 남편의 힘을 덜어주는 것으로 보였다.

하나의 연탄 손수레를 끌고 미는 이들의 젊은 가슴 속에서는 눈에 보이지 않는 사랑의 불꽃이 있음을 나는 안다. 끄는 이의 가슴과 미는 이의 가슴을 타고 쉴 새 없이 오가는 사랑의 온기를 느껴보던 나는 웬지 콧날이 찡하고 눈시울이 뜨거워지는 것을 느낀다. 토란잎의 물방울 같이 반짝이는 나의 시야에는 겨우내 구들목 온기로 가족들을 따뜻하게 해 주게 될 연탄더미가 유난히도 검게 빛나 보였다.

바람은 을씨년스럽게 불어 제끼고, 밤 예배를 알리는 교회의 종소리가 들려온다. 바람과 종소리의 어울리지 않는 풍경 속을 두 부부는 가고 있다. 가파른 오르막길을 오르기가 힘에 겨운 것처럼, 부부가 함께 오르는 인생길은 멀고도 험하다.

부부가 인생의 길동무가 되어 가정이라고 하는 생활의 손수레를 끌며 밀며 함께 살아가노라면, 그 가운데에서 나타나는 애환이라든지, 고난의 준령이며 영욕의 강물도 건너야 한다. 그리고 또 세월이 가면 청춘의 정오를 지나 불혹을 지나고 지천명知天命의 계절을 지난 다음 이순耳順의 강하江河를 건너 노을진 인생의 고갯마루에서 서로의 백발을 바라보며 황혼의 애상에 젖게 될 것이다.

어느덧, 남편과 아내는 타고 남은 연탄재가 될 무렵이면 새로이 피어오르는 아이들의 열기를 위안으로 삼을 것이다. 연탄이 타고 나면 가벼워지는 것처럼, 가벼워진 남편과 아내는 자신의 가벼워진 슬픔을 무거워지는 아이들에게서 상쇄작용相殺作用을 일으켜 오히려 더 큰 보람으로 삼을 것이다. 남편과 아내가 가벼워질수록 그에 반비례하여 아이들은 무거워지고, 남편과 아내의 화력이 약해질수록 아이들의 열기는 강해지기 때문이다.

별로 보잘것없이 보이는 하찮은 연탄 손수레에도 사랑이 있고 진실이 있고 진리가 있다. 깜깜한 광산에서 금이 나오고 하찮은 조개에서 진주가 나오듯이 얼핏 보아서 시시하게 보이는 이웃들에 의해서 진실한 내용의 아름다움이 나온다는 사실을 많은 사람들은 망각한 채 살아가고 있다. 실로 아름다운 것이란 오래 참음이요 기다리는 것이라는 주장은 백 번 타당한 말이다.

아름다운 것은 상처에서 오는 아픔을 오래 참는 것이요,

그 상처가 치유되기를 기다리는 것이다. 그래서 참고 기다리며 사는 사람은 아름다운 법이다. 하늘 높은 줄 모르고 잘났다고 핏대를 세우며 머리 내두르기 좋아하는 사람들은 겸허한 마음으로 연탄 손수레에 얽힌 사상을 체득하여 이웃들의 구들목 덥혀 주는 사랑의 온기에 인색치 말아야 할 것이다.

그리고 보면 나는 지금 어느 정도나 연소되어 있을까. 어느덧 불혹이니 절반은 더 탔다. 내 인생을 육십으로 치면 삼분의 이가 연소되었고, 팔십으로 계산하면 이분의 일이 타버린 셈이다. 그러니 나는 이 정도의 열량이라도 남아 있는 동안에 다른 연탄에 불을 붙이지 않으면 안 된다. 내가 완전한 재로 남을 때까지 홀로 타버리고 만다면 남은 것은 덩그러니 남은 재, 싸늘하게 식어 버린 재 밖에는 남는 것이라고는 있을 수 없기 때문이다.

그러므로 나는 나의 불기를 필요로 하는 연탄에게 불을 붙이면서 살아가는 셈이 된다. 내가 강의를 하는 시간, 글을 쓰는 시간, 기도를 드리는 시간, 아내와 아이들을 위해 퇴근하는 시간은 모두가 나의 남아 있는 불기가 나와 인연된 연탄에 옮겨 붙는 시간이라고 생각하게 될 때 비로소 내가 살아있는 존재 가치로서의 희열을 맛보게 된다.

눈이 많이 와서 우리 집 앞길이 빙판지게 되면 나는 연탄재를 깨어서 뿌려 놓는다. 그런데 곱게 잘 타고 남은 연탄재는 보기에 좋지만, 타다가 만 연탄재는 검은 연탄이 그대로 남아 있기 때문에 그렇게 꼴사나울 수가 없다. 요즈음 나의 관심은 여기에 머물러 있다. 하나님께서 나를 바수어 길바닥에 뿌리신다 하여도 나는 보기 좋을 수 있도록 잘 탄 연탄재인가, 아니면 제대로 타지 못하고 새까맣게 남아진 흉물 덩어리인가.

이러한 사색에 잠겨 사는 나의 눈에는 곱게 연소된 연탄재보다는 타다가 꺼진 연탄들이 더 많은 것같이 보일 때가 있다. 낮은 백성이라고 해서 함부로 대하는 지체 높은 사람도 아직은 덜 탄 연탄재 같고, 너무 잘 보이려고 아첨하는 사람도 아직은 새까만 연탄재로 보인다. 그러나 나는 그들에게 "당신은 타다가 남은 연탄재에 불과하다."고 지적하지 못한다. 왜냐하면 "당신은 덜 탄 연탄재요" 하고 말했을 때 그 소리는 벌써 검은 연기를 뿜어내는 공해에 불과하기 때문이다. 내가 한 말이 소음이라는 공해가 될 때는 나도 벌써 독소를 지닌 까만 연탄에 불과하기 때문이다.

내가 "당신은 덜 탄 연탄재요" 하고 지적할 수 있는 힘의 언어란, 내 입술의 기운을 통한 말 자체가 아니라, 나 자신이 완전히 연소된 연탄재의 모습을 아름다운 행위로써 보여 주는 계시적인 언어 밖에는 없다고 본다. 그렇기 때문에 나는 극장에서 불이 나갔을 때처럼, 남들과 같이 떠들지 않고 조용히 참고 기다리며 산다. 이렇게 살아가고자 하는 나를 대부분의 사람은 바보로 취급을 하겠지만, 현명한 바보 정도로 이해하여 주는 이도 더러는 있는 것 같다.

연탄의 가장 아름다운 모습이란 완전히 연소되어 독소가 모두 빠져 버린 상태에서 벌겋게 홍시빛으로 달아오른 상태이다. 이러한 경지에 도달하기 위해서는 마음의 문을 열어놓아야 한다. 우리 주변에서 누가 잘못되었다면 우선은 그 당사자에게 문제가 있겠지만, 타다 만 연탄의 독소가 있어서 질식사 현상이 나타난다는 것을 눈치챌 줄 알아야 한다. 주위가 소란한 것은 연탄이 덜 탄 증거이기 때문이다.

성인 성聖자가 붙은 성스러운 세계는 종교와 시와 음악의 세계이다. 이러한 세계에서는 독소가 있을 수 없다. 우리는 하나님의 언어의 집에서 살아야 한다. 연탄의 연소과정을 거쳐서 완전히 타고 남은 재, 빙판 아무 데나 바수어 흩뿌린다 하여도 조금도 흉해 보이지 않고 좋게만 보일 수 있는 재, 그것은 나의 천로역정天路歷程에서 만고풍상萬古風霜을 다 거쳐 오는 동안에 떫은 기는 다 가시고 단 맛이 살아남은 홍시와도 같은 결정체이다.

    그것은 마지막 날, 서리 맞은 감잎마저 다 떨어지고 난 뒤에도 감나무 꼭대기 하늘 높이 매달려 있는 까치밥과도 같은 아름다움이 아니겠는가.

이유 없는 미움

　　　　　　　소설은 갈등을 증폭시켜도 좋지만 시가 그래서는 안 된다. 소설에 있어서의 갈등은 서스펜스에서 클라이맥스까지 아슬아슬하기도 하고, 물이 끓게 하는데 효과적이지만, 시의 경우는 본질을 놓치게 된다. 소설은 때에 따라서 욕설을 퍼부어도 좋지만, 시가 그랬다가는 물에 빠진 연처럼 되고 만다.

　그래서 소설가의 최고봉은 문호文豪라 하거니와 시인의 최고봉은 시성詩聖이라는 일컬음을 받는다. 시는 갈등을 여과해 내는 정수장이나 정화조의 구실을 한다. 탁한 언어를 맑은 시어詩語로 바꾸고, 몰인정한 사회를 인정이 넘치는 사회로 바꾸기 위해서 연탄처럼 활활 타야 하고 걸레처럼 닦아야 한다.

언제부터인가 우리 사회는 미움이 들끓게 되었다. 맥아더 장군의 동상을 끌어 내리겠다 하고, 초등학교에 세워진 단군상의 목을 자르는가 하면, 강남 서초에 사는 부자들 때문에 자기가 가난한 양 비난하는가 하면, 조중동 세 가지 신문을 원수시하기도 한다.

나는 이와 비슷한 현상을 6·25 때 보았다. 돈이 많다고, 토지를 많이 가졌다고 해서 잡아다 죽이고, 공부를 많이 했다고 해서 잡아다 죽이고, 하나님 믿는다고 잡아다 죽이고, 군경 가족이라고 해서 잡아다 죽이고, 국군에게 인민군에게 밥을 지어주었다고 잡아 죽이는 등 별별 구실을 붙여서 죽이는 꼴을 보았다.

문학을 제대로 하려면 우선 미워하기보다는 사랑해야 하고 감사해야 한다. 우리는 감사해야 할 게 너무도 많다. 지금까지 살아있다는 그 존재 자체에 대해서 감사해야 한다. 질병도 많고 사고도 많은 세상에서 생존해 있다는 그 존재 자체는 축복받을 일이라 하지 않을 수 없다.

우선 나를 있게 한 부모에게 감사하고, 부모를 있게 한 조상에게 감사하고, 조상을 있게 한 어떠한 원인적인 존재, 神이라 해도 좋고, 하나님이나 하느님이라 해도 좋겠고, 그게 싫다면 조물주나 창조주 아메바라 해도 상관없다. 아무튼 그러한 원인적인 에너지의 본체로부터 내가 생존하는데 지대한 도움을 준 햇빛과 공기와 물에 이르기까지 감사하지 않을 수 없다.

망해버린 나라를 되찾겠다고 독립운동을 하며 목숨 바친 순국선열들, 일제에 항거하다 피를 흘리며 죽어간 의병들에게까지도 감사하지 않을 수 없다. 감사하는 마음조차도 생겨나지 않는다면 문학할 생각은 하지 말아야 한다. 자기를 존재하게 한 은혜의 대상들에게 배은망덕한 자의 글을 누가 읽고 감동을 하겠는가.

제3장

마음 비우기

청보리밭 연주회

산 너머 남촌에서 남풍이 불어오면 오뉴월 청보리밭은 식물성 파도로 일렁인다. 여고생들의 종아리처럼 풋풋하게 살찐 청보리들이 하늘만을 바라보는 천수답天水畓일 경우에는 바람이 지그재그로, 보리밭 물결 일렁이는 대자연의 매스게임을 연상케 한다.

달빛이 풀잎을 연주하듯이, 순풍이 불어올 적에는 판소리의 가장 느린 진양조로 시작해서 중모리 장단으로 나아간다. 그것은 우리 겨레의 역사적 부침浮沈이라든지, 삶과 죽음을 통하여 시대정신으로 이어져 내려온 전통적인 예술 형태의 몸짓임을 눈치 채게 한다.

사회의 하층에서 인권을 무시당한 채 그날그날을 살아야 했던 천민들에게 있어서의 판소리는, 한을 소리로 삭이고 삭이고, 쌓이고 쌓였던 스트레스를 풀어내었던 소리의 정화조淨化槽였다. 그것은 원망하는 마음을 감사하는 마음으로 돌리고, 슬픔을 기쁨으로, 눈물을 웃음으로 바꿀 수 있는 해학적諧謔的인 슬기의 것이었다.

　　두리둥둥 두리둥둥 깨갱매 깽매 깽매깽
　　두리둥둥 두리둥둥 깨갱매 깽매 깽매깽
　　어럴럴럴 상사뒤어 어럴럴럴 상사뒤어
　　어여 어여루 상사뒤어 어여 어여루 상사뒤어

　지그재그로 불어 올라오는 남풍은 점점 거세게 불어 올라와서 산발한 청보리밭을 물결치게 한다. 물결치는 청보리밭은, 주체적으로 소리판을 이끌어 가는 창자唱者라든지, 북장단을 치면서 창자와 함께 청중에게 소리를 전달하는 고수鼓手가 한 타랑이로 어울려 돌아간다.

　　한 농부가 썩 나서더니
　　모포기를 양손에 갈라쥐고

엉거주춤 서서 먹이는고나
신농씨 만든 쟁기 고은소로 앞을내어
상하평 깊이갈고 후직의 본을 받아 백곡을 뿌렸으니
용성의 지은 책력 하시절이 돌아왔네.

판소리에서 유추類推하는 청보리밭 연주회는 중중모리, 자진모리, 휘모리, 엇모리, 어중모리로 계속해서 주야장장晝夜長長 끝도 없이 계속된다. 우리의 전통 문화를 소중히 여길 줄 모르고 등한시하는 요즈음의 청소년들은 대자연의 신비경을 체감할 수 있을까.

오늘날 우리들은 우리의 언어와 문화, 우리 고유의 소리를 잊고 산지 오래다. 진정한 우리의 언어와 문화, 우리의 본래적인 소리를 잃게 된다면 그것은 진정한 나를 잃어버린 허수아비에 불과하다. 나는 어쩌면 허수아비가 되기 싫어서 판소리를 익히는지도 모른다.

나는 삶에 지칠 때 판소리를 찾는다. 세속世俗에 쩌들대로 쩌들은 속진俗塵을 제거하고 싶어서, 그리고 그동안 쌓이고 쌓인 스트레스를 해소하고 싶을 뿐 아니라 호연지기浩然之氣라는 동양적 호방성豪放性을 살려서 대장부大丈夫가 되고 싶기 때문인지도 모른다.

판소리의 가락과 장단을 통하여 우리의 근원적 정서가 맥박 치는 것을 실감한다. 마치 청보리밭 물결 일렁이는 가운데 구수한 보리 내음이 고향에 대한 향수를 불러일으키는 것처럼….

 아마 우에 흐르는 땀은 방울방울 향기일고
 호미 끝에 일어난 흙은 댕기 댕기 댕기 황금이로구나
 솟는달 지는 해를 벗님의 등에 실코
 향기로운 이내 땅에 우리 보배를 가꾸어 보세

나는 그다음으로 이어지는 서늘한 소리를 듣는다. 내 가슴을 송두리째 뒤흔드는 그 소리는 요즈음 신세대 엑스세대 젊은이들이 악을 바락바락 쓰면서 내질러 대는 그 강아지 이 앓는 소리 같은 헤비매탈, 데스메탈이 아니다.

그것은 건강하면서도 근원적인 정서를 스며들게 하는 생명의 소리요 사랑의 소리다. 수입 개구리가 우리 고유의 생물들을 마구잡이로 잡아먹어서 멸종시키듯, 양풍洋風에 묻어온 노래 중에는 해독을 끼치는 소리도 적지 않다. 왜풍 양풍에 묻어온 소리는 우리네 엿장수 가위질 소리만도 못하다는 생각이 들 때도 있다.

엿장수 가위질 소리는 무질서 가운데 질서가 있고, 무기교 가운데 기교가 있다. 그 엿장수 가위질 소리는, 반의 반 박자와 반 박자를 두 번 반복해서 짤그랑짤그랑 치다가 갑자기 반의 반 박자의 못 갖춘 마디를 섞어 넣어서 무질서 속의 기묘한 질서화를 시도한다. 무질서 속의 질서화야말로 서늘한 남풍南風이라는 활대로 청보리가 이리저리 휩쓸리도록 파격破格을 넘나들며 지그재그로 묘미를 부리는 대자연의 연주회가 아니겠는가.

　　보리누름이면
　　내 가슴에
　　청보리 바람이 인다.

　　청춘을 어깨 짜고
　　풋풋이 살쪄 가는 소녀들.

　　머리카락 흩날리며
　　매스게임을 하는
　　아아, 저 무질서한 질서들.
　　머리카락과 머리카락과
　　팔다리와 팔다리와

가는 허리와 가는 허리와
푸른 물결 일렁일렁
가슴 사른사른 속삭인다.

꽃빛 사랑을 훔치려고 불어오는
푸른 바람,

보리누름이면
내 가슴에
청보리 바람이 인다.

- 「보리누름에 3」

 참생명과 참사랑을 구가하는 저 끝없는 청보리밭 이랑을 타고 일렁이는 대자연의 하모니에서 중모리 중중모리 가락이 추임새로 어깨춤으로 살아나는 듯하다.

우렁이

　　　　　　　참우렁이를 줄여서 그냥 우렁이라고도 하는데, 우리 고장에서는 보통 우렁이로 통용이 되어 있었다. 단단한 껍질은 매끈매끈하고 녹색을 띤 회색빛의 그 우렁이가 지금도 눈에 선하다.

　우렁이란 여름에는 논배미에 나오고, 겨울에는 그 논의 땅속으로 깊숙이 들어가 사는 연체동물軟體動物이다. 광족류廣足類에 속하는 이 연체동물은 자양滋養이 풍부할 뿐만 아니라 맛도 꽤 좋기 때문에 식용으로 애용되었었다.

　내장은 빼어버리고 살은 뜨거운 물에 살짝 삶아낸 다음 고추 초장에 무쳐서 먹게 되면 그렇게 먹음직스러울 수가 없었다. 주로 못자리판에 우렁이가 나와 있는 까닭에 줍기만 하면 되는 것이었다.

특히 비라도 오는 날에는 우렁이들이 좋아라고 나와 놀기 때문에 나가기만 하면 소쿠리로 상당히 주워 담아 오는 것이었다.

나는 지금도 그 당시 우렁이를 함께 잡으러 나가던 사람들, 그러니까 점동이와 점순이를 기억할 수 있다. 다른 사람들은 삿갓을 쓰거나 도랭이를 걸치지만, 나는 양산을 받고 나갔다. 왼손으로는 양산을 들고, 바른손으로 우렁이를 잡으려면 소쿠리를 땅에 놓아야 하기 때문에 불편하였지만 나는 그렇게 했다.

내가 우렁이를 잡아 오는 날이면 할머니는 아이구 우리 새끼, 우리 새끼야 하고 다독거려 주시면서 우렁이에 얽힌 얘기를 해주시는 것이었다.

새끼우렁이들이 어미우렁이의 살을 파먹어 버렸기 때문에 결국 빈 껍질만 남게 된 어미우렁이는 무논의 물고를 따라 둥둥 떠내려가게 되었는데, 이때 새끼우렁이들은 사정도 모르고 "우리 엄마는 가마 타고 시집간다"고 하더라는 얘기였다.

그 당시에는 건성으로 듣던 얘기였지만, 많은 세월을 보내고 난 오늘날에 와서 다시금 곰곰히 생각을 해보면, 그 얘기 속에는 범상치 않은 의미가 넌지시, 그리고 해학적으로 내재해 있음을 알게 되었다.

우렁같이 진액을 빨리고
빈 깍지로 떠나간
할머니 잔해殘骸를 어루만지며
나는 죽음을 접골接骨한다.

세월에 삭은 뼈다귀와
두골頭骨을 들어올려
솔뿌리로 털어내는
흙 속에
사람의 향기가 젖어있다.

스무해만에 햇볕을 받는 해골
퀭 뚫린 눈뼈 속으로
명주실같은 뿌리가 어지러워
목뼈와 갈비뼈와 허리뼈와 다리뼈
내려가면서 흙을 털면
뼈 속에 내가 만져진다.

내가 할머니의 뼈를 어루만지듯
언젠가는 자식이나 손자들이
내 뼈를 어루만질 때
내 정신은 어디에 있을까.

시인은 죽어서 파랑새가 된다는데
내 이름자 닮은 솔가지에 내려와
송송송송松松松松, 지줄 뱃쫑 송송松松
영겁永劫을 노래부르며
상징시라도 한 곡조 뽑을 수가 있을까.

― **자작시**「이장移葬」

고향의 봄

　　　　　　　나에게 있어서 고향의 봄이란 두 갈래의 희비쌍곡선으로 얽혀 있다. 그것은 나의 유년기와 소년기 이후를 수놓은 오수와 전주에서 이루어진 것들로서, 고향에의 상상력을 도출시키는 것들이었다.

　전주의 봄은 올해에도 쑥이라든지, 달래, 냉이 눈트는 언덕에서부터 오기 시작하여 한벽루의 그 냉이는 오모가리 속에서 끓어오르게 될 것이다. 그 오모가리 속에서는 환희의 봄소식이 한창 끓어 넘치면서 지글지글 자글자글 환호성을 터뜨릴 것이다.

　엄동을 푸르게만 견디어 온 겨우살이 푸성귀들도 우수

雨水가 지나면서부터는 제 세상을 만났다는 듯이 시장으로 멧방석 가득가득 쏟아져 나오게 될게고, 술군들의 사랑을 독차지하게 될 것이다.

저마다 들뜬 가슴들이 되어 봄을 팔고 사는 채소전 앞에서 찬거리를 사러 나온 주부들의 100원짜리의 봄, 혹은 200원짜리의 봄을 흥정하기에 한창일 게고, 그 싱싱하고도 풋풋한 봄 한 보따리씩을 사들고 가기에 분주할 것이다. 어쩌면 사람의 왕래가 한산한 신작로나 오솔길을 지나면서는 저절로 흘러나오게 되는 콧노래라도 흥얼거릴지도 모를 일이다.

전주의 시장은 마치 노송동과 풍남동 일대의 기와지붕들처럼 고풍스럽게 출렁거리고 넘실거릴 뿐 그렇게 소란하지는 않았다. 겨우내 추위를 이겨온 푸성귀들이 푸짐하고도 싱싱한 빛깔로 손님들을 넌즈시 유혹할 뿐, 싸구려니, 골라잡아 얼마니 하고 떠드는 소리 같은 것은 들을 수가 없었다.

찬거리를 사들고 돌아오는 주부들은 언 땅이 풀리느라고 질척대는 봄의 어귀에서 코빼기 고무신에 신경을 쓰는 일이란 어쩌면 동화 속의 옛이야기처럼 전설로 화해버렸는지도 모를 일이다. 물론 코빼기 고무신 대신에 플라스틱 슬리퍼가 판을 치는 것도 달라진 세태이겠지만, 시멘트 덕택으로 시장 바닥이나 행길 할 것 없이 모두가 포장이 되어 있을 테니 말이다.

요즈음도 그곳 시장에서는 시금치와 냉이 등의 푸성귀들이 눈을 끌게 될 것이다. 비타민이 많다는 시금치는 뜨거운 물에 살짝 데쳐가지고 깨소금 양념에 무쳐서 밥상에라도 올려놓으면 모두들 군침이 돌기가 무섭게 마파람에 게 눈 감추듯이 속식速食을 하게 될 정도로 미각을 돋울 것이다.

가닥치마 휘감아 사려 잡은 몸짓의 매무새로 풋풋한 푸성귀를 한 아름씩 사들고 가는 주부들의 찬거리 중에는 냉이도 상당한 분량을 차지하게 될 것이다. 냉이 말이 나왔으니 말이지만, 나는 푸성귀 중에서도 냉이를 제일로 친다. 지금도 그 더운 김이 물씬 물씬 피어오르는 뜨끈뜨끈한 오모가리 속의 냉이국 생각이 난다.

'냉이국' 하면 봄생각이 나고, '봄' 하면 냉이국이 연상되리만치 내 음식의 영역에 있어서 봄과 냉이국 사이에는 떼려야 뗄 수 없는 불가분不可分의 관계에 있다. 냉이국에서는 유별나게도 봄의 향긋한 냄새가 진해서 그런지는 몰라도

제3장 마음 비우기　153

나는 해마다 봄의 어귀에 다다르면 왠지 냉이를 좋아하게 되고, 식탁에 냉이국 오르기를 기다리는 버릇이 생기게 되었다.

냉이국은 가정집에서도 좋지만, 수수한 주막에라도 들르게 되면 푸짐한 오모가리채 지글지글 부글부글 끓은 채로 따라 들어오는 것은 봄이 가져다주는 즐거운 선물이라 하지 않을 수 없다. 그리하여 나의 봄은 냉이국 오모가리 속에서 끓어 재끼는 몇 마리의 민물고기와 함께 재생再生되는 것이었다.

나는 봄의 생기를 한 아름씩 팔기에 바쁜 채소전 주인이나, 그 봄을 사들이기에 분주하고 또 식구들에게 나눠 먹이기에 열심인 주부들, 전주全州의 그 해맑은 하늘 아래서 태양을 항상 머리에 이고 사는 이들을 부러워하면서 향수에 잠길 때가 있다.

나는 나의 제2고향이라고 할 수 있는 전주를 생각하면 문득 냉이국 오모가리의 분위기가 그리워지게 되는데, 제1의 고향인 오수를 생각하면 풋보리 익을 무렵의 그 보리누름에 들려오는 보리피리를 그리워하게도 된다. 하늘에서는 긴긴 해를 종달새가 울어재끼고, 지줄지줄 잴잴 하고 구슬이라도 굴리는 듯이 노고지리 우짖는 그 아래로는 남북으로 출렁이며 남실거리는 그 질펀한 앞 뒷들의 보리밭! 그 보리밭을 나는 지금도 잊지 못한다.

    속에는 가슴
    청자 속의 공간
    하늘이 들어와 쉰다.
    남녘의 물새 한 자웅(雌雄)
    물을 물고 솟아 오르고.
    낙원 삼층천으로 솟구치다가
    천국을 나는 새
    새를 따라
    물을 차고
    태양을 물어 올리는
    어느 천주(天宙) 밖의 숲에서
    꿈의 새알을 터뜨리네.
    속에는 가슴
    흙 위에 봄빛이 고여
    솟아오르는 생수.
    미나리의 동네라네.
    한창인 청개구리 소리가-
    눈녹은 보리밭에

병아리의 발자국
풀잎 물고 우러르면
쉬던 하늘이
청자를 떠난다,

— 자작시 「속의 가슴에」

우리들의 병아리 시절은 다소곳이 의기양양했던 것으로 기억된다. 보리누름이 되면 우리들은 보리를 구워먹는 재미에 빠지곤 하였다. 학교에서 돌아오는 길에 속이 출출해지면 약속이라도 한 것처럼 언덕 아래 후미진 곳에 불을 피워놓고 꺾어온 보리를 그 위에 얹어 구워먹는 것이었다. 우리들의 의사는 너 나 할 것 없이 잘도 통했다.

때로는 진달래 꽃잎을 따먹기도 하고 골담초 꽃잎을 따먹기도 하였지만, 그것은 처음 먹을 때에만 달작지근하고 입안이 얄궂게 텁텁해질 뿐 배가 부르기는커녕 오히려 시장기가 빨리 들었다.

이처럼 시골의 봄은 가난했고 배고팠다. 아이들이 그 정도였으니 어른들이야 오죽했으랴. 40대 이상 되는 분들은 쌀겨니 보리개떡이니 하는 말들을 기억할 것이다. 그리고 좀 더 소급해 올라가면 송키떡이라든지 쇠자라기를 기억

해 낼 것이다.

그 무렵, 우리 반 아이들 중에는 점심 도시락을 가져오지 못하는 아이들도 있었다. 쌀겨를 먹었다는 아이는 머리가 어지럽다고 했다. 술찌기를 먹고 나온 아이는 얼굴이 벌개 가지고 선생의 추궁을 받자 울어버리더라는 얘기를 듣기도 했다.

그 학생이 술을 먹었다는 이유로 퇴학을 당할 뻔했다가 먹을 게 없어서 술찌기를 먹고 등교한 사실을 알게 된 선생들의 눈물도 눈물이려니와 가난이 죄악이라고 울부짖으면서 제발 퇴학만은 시키지 말아 달라고 눈물로 호소하던 그 학생의 어머니를 생각하면 한국적인 모정이 그리워지기도 한다.

오늘날은 그 때와 같은 물질적 춘궁春窮은 없다. 그러나 정신적인 춘궁은 도처에서 얼마든지 볼 수가 있다. 정신과 물질의 언밸런스는 현대적인 시소게임인가.

이제는 먹고 사는 게 좀 나아지게 되니까 정신적인 빈곤의 신음을 듣게 되는 것이었다.

과거의 시골 생활은 부모가 농토에서 농사일을 하게 되면 자녀들은 그 일을 함께 도우면서 성장하게 되었다. 온 집

제3장 마음 비우기

안 식구가 한자리에 모여서 오순도순 살게 됨으로써, 어른은 아이들을 사랑할 수 있었고, 아이들은 어른에 대하여 공경할 줄 알게 되었다.

그러다가 사회가 분업화되고 가정이 핵가족으로 분산되면서부터는 가족의 상하관계에 시공간적으로나 심정적으로 간격이 생기게 되었다.

부모와 자녀들이 한자리에 만나는 시간이 적어지면서 부모의 자녀에 대한 사랑은 일종의 의무이행으로 그 의식의 변화를 가져오면서부터 아이들 중에는 무서운 폭발물처럼 불안의 요인을 싸잡아 지니게끔 되어 엄청난 범죄를 유발하는 경우가 생기게 되었다.

돈이 많은 부모가 그 돈으로 하여금 담임선생과 가정교사에게 자녀교육을 맡기고 자기는 의무를 다했다고 자신하는 동안에 그 자녀들은 부모를 비판의 대상으로 손가락질을 하는 경우도 생겨나게 되었다.

그러므로 나의 관념 속에서 살아나야 할 봄, 그 이상하는 고향의 봄은 더욱 멀어지기만 할 뿐 쉽사리 와 줄 것 같지가 않다.

그렇지만 나는 이대로 좌절할 수만은 없는 까닭에 죽는

날까지 정신과 육체가 다 함께 기뻐할 수 있는 마음의 봄 진정한 의미에 있어서의 고향의 봄이 오기를 기다리면서 살아가고 있다.

건널목에서

                    건널목의 빨강 신호등이 꺼지기를 기다리면서도 도둑고양이의 눈을 생각한 적이 있다. 고기를 훔쳐 먹다 들킨 도둑고양이의 눈을 떠올리면서 매국노의 족제비눈을 그려보기도 했다. 빨강불이 꺼지고 파랑불이 켜졌을 때 나는 길을 건너면서 이국인異國人의 푸른 눈을 떠올렸다. 소매치기에게 돈을 털린 이국병사異國兵士가 등신처럼 눈만 껌벅이던 광경을 생각해 냈던 것이다.

  나에게 있어서 이 두 상극적인 신호등 불빛은 정지와 전진을 복합적으로 암시한다. 그것은 "하지 말라"는 금기와 "하라"는 허용을 제시하면서 불안과 평안을 동시적으로 교차시킨다.

아무튼 나는 이와 같이 건널목을 건너면서 엉뚱한 생각을 할 때가 간혹 있다. 이게 기발한 생각인지 아니면 바보스러운 생각인지에 대해서 나는 알지 못한다. 다만 알 수 있는 것은 그러한 생각들이 자연스럽게 유로流露되었다는 사실과 그 진실이다.

건널목의 신호등은 많은 암유를 품고 있다. 빨강불은 위험신호요 파랑불은 그 해제이다. 그런데 나는 보통 빨강불에 멈춰 섰다가 파랑불에 건너게 되지만, 때로는 빨강불을 보면서도 건너가는 경우가 있다. 이러한 경우는 대개 빨강불이 켜 있는 데에도 많은 사람들이 건너가는 경우가 아니면, 아무리 기다려도 빨강불이 파랑불로 바뀌지 않는 경우이다.

이것은 불법이 합법으로 바뀌는 경우이다. 비정상의 수가 많아지면 정상이 되는 경우이다. 그리고 고장 난 신호등처럼, 무엇을 하지 말라고 하는 금기가 설득력이 없어지는 경우이다. 세상을 이렇게 살다 보면 내가 사는 삶이 합법적인 삶인가 불법적인 삶인가를 자문하게 될 때 어리둥절하게도 된다. 반드시 파랑불이 켜있을 때 길을 건너야 하는데에도 그러지 못하는 경우가 있으니 말이다.

사람들은 대부분 처음에는 빨강불 앞에서 파랑불이 켜지기를 착실히 기다린다. 그러나 고지식하게 그 법칙을 준행하며 기다리던 사람들도 함께 가던 사람들이 자꾸만 앞서 가는 것을 바라보면서부터는 '합리적'이니, '응용'이니 '적용'이니 하는 용어를 떠올리게 되고, 목적이나 본질 대신에 방편이나 수단을 골라잡게 된다.

내가 사는 이 사회는 아직도 새치기를 잘하는 사람이 앞서 가는 것을 보고 사는 사회이다. 건널목을 눈치껏 요령 있게 잘 건너가는 사람이 출세하는 것을 흔히 보고 사는 사회이다.

공부를 못하던 친구가 돈을 많이 벌어서 더 좋은 규수閨秀를 낚아채가고, 애국자를 잡아 가두던 매국노가 뻔뻔스럽게도 스스로 애국자연하면서 대낮을 활보하는 꼴도 보게 된다. 적당히 눈치보고 적당히 비위를 맞추면서 요리조리 잘도 빠져나가면서 출세들을 한다. 결국 이 세상에서의 출세라고 하는 것은 파랑불을 기다릴 것도 없이 그 빨강불 앞을 요령껏 건너가는 자의 것이다. 파랑불을 빨리 단념하는 자의 것이다. 건너지 말라는 금기의 빨강불 신호등 앞을 태연하게 요령껏 건너는 자의 것이다. 나는 그것을 실감하고 산다.

내가 일본에 있을 때의 일이다. 여행을 갔다가 막차로 돌아오려는 참이었다. 열차표 자동판매기에 동전을 넣고 단추를 눌렀으나 차표가 나오지 않았다. 아무리 단추를 누르고 두드리며 야단법석을 떨어도 열차표가 나와 주질 않기 때문에 나는 무작정 기다릴 수가 없었다. 그러다가 결국 역원에게 물어 보았더니, 그는 고장이 나서 안 되니 건너편 자동판매기에서 사라는 것이었다. 건너편 모퉁이로 뛰어간 나는 부랴부랴 차표를 뽑아 들고 플랫폼을 달려 나갔으나 때가 늦어서 그 막차를 놓치고 만 일이 있었다.

그날 밤 나는 좀 더 빨리 단념했어야 옳았다. 그러나 나는 체질적으로 빨리 단념하지 못하는 습성을 지니고 있다.

한 가지 가까운 사소한 예로서, 요즈음 세상에 가난의 전유물이 아니면 가난의 공범자 취급을 하면서 모조리 뜯어 버리는 초가집의 영상마저도 나는 그렇게 쉽사리 버리지를 못한다. 모두들 편리하고 실용적이라고 애용들을 하는 플라스틱 바가지를 나는 아직도 외면한 채, 흥보가 슬금슬금 타제꼈다던 초가지붕의 식물성 박을 잊지 못한다.

그리하여 나는 광물성 바가지와 식물성 바가지 중에서 한 가지는 버리고, 한 가지는 선택해야 하는 현대의 어중간한 건널목에 서 있다. 빨강불과 파랑불의 와중에서 머뭇거리고 있는 것이다.

나의 동창생 가운데 대조적인 두 친구가 있다. 둘 다 농장을 가졌었는데, 빨리 단념한 K는 서울에 온 후 건축업으로 전환하여 수억의 돈을 벌었고, 지금까지도 단념하지 못한 M은 돼지값 폭락으로 빚더미에 앉아서 탄식하는 소리를 들었다. 그는 입버릇처럼 이제는 오기로 농사를 짓는다고 했다.

나는 그 M을 만날 때마다 가슴이 아프다. 그는 정직했다. 빨강불에 서고 파랑불에 건너는 그런 친구였다. 그는 성실했고 부지런했다. 대학에서 국문과를 나온 그는 작품 쓰는 것도 잊어버리고 농장에만 매달렸다. 가축에게 먹이를 주는 일이라든지 복숭아를 따는 일도 시를 쓰는 것 못지않게 중요하다고 생각해온 그가 불혹不惑을 넘긴 여울목에서 흘러간 시간을 아쉬워하는 것을 보았다.

그러나 나는 쉽사리 단념하지 못하고 파랑불만을 기다리며 건너온 그의 고지식함을 존경한다. 참고 기다리는 이의 마음은 아름답기 때문이다. 실로 그렇다. 속임을 당하는 이의 마음은 아름답다. 버림을 받는 이의 마음은 아름답다. 이웃 때문에 아파하는 이의 마음은 아름답다. 치유되기를 기다리는 이의 마음은 아름답다. 그리하여 이 세상에서는 아름다운 것일수록 약삭빠르지 못하고 바보스러운 것이다. 좀 모자라는 듯 촌스러운 것이다.

주판알처럼 수리에 반들반들해진 장사꾼들의 눈을 나는 싫어한다. 속임수가 반들반들 윤이 나기 때문이다. 돈 앞에 굽신거리는 비굴한 웃음이 새겨져 있기 때문이다. 눈치만 살아서 반들반들 까진 재벌 회장 비서의 눈도 나는 싫어한다. 거미가 곤충을 요리하듯 찾아온 손님을 마음대로 요리하는 비인간적인 눈과 혓바닥을 싫어한다. 남루한 사람일수록 따돌리기 잘하는 비서의 혓바닥, 그것은 인정머리 없는 도시문명의 비극적인 희작이다.

나도 차라리 이상李箱처럼 바보스런 천재가 되고 싶을 때가 있다. 방바닥에 엎드려 크림곽을 어루만지면서 화장품 냄새를 맡던 李箱이 몹시도 그리워질 때가 있다. 그것은 어쩌면 내 속에 바보 같은 순진성이 자라고 있는 증거일지도 모른다. 본질의 눈으로 바라보게 될 때 뻔뻔스럽게도 빨강불 앞을 활보하는 사람들보다는 IQ 50 정도의 정신박약아들이 훨씬 순수하다. 그들은 빨강불 앞을 활보할 줄 모르기 때문이다. 남을 속일 줄도 모르고 눈치 볼 줄도 모르기 때문이다.

언젠가 수필가 박연구 형과 함께 박약아예술전시회를 관람한 일이 있다. 중앙사회복지회관에 진열된 작품들을 보면서 나는 양심의 가책을 받았다. 한 가지 그림에 끈질기게 열중한 IQ 50 정도의 정박아의 그림에 줄기찬 의지가 스며있었다. 희미한 의식의 세포가 피어나는 대로 이들이 그림을 그리고 목각을 빚을 때, 다른 어느 지붕 밑에서 흥청대며 미희美姬의 이마에 지폐를 붙이는 빨강불의 행진이 있다면, 그런 행렬은 벼락을 맞아 죽어 마땅하다는 생각이 들었다.

서울의 한쪽 모퉁이에서 초라하게 열린 이 전시회를 찾는 이는 너무도 없었다. 나는 그 초라한 전시회장에서 가슴 뭉클함을 금할 수가 없었다. 나는 목각木刻 앞에 섰다. 그 목각은 팔뚝 크기만 한 수저였다. 그 투박스런 식물성 수저를 바라보는 순간 새로운 시상詩想이 떠오르면서 나의 시야視野에는 파랑불이 깜박이다가 들어오는 것이었다. 나를 노려보던 그 도둑고양이의 빨강불은 모조리 꺼지고 진실이 숨

쉬는 파랑불이 내 관념의 건널목에 켜졌던 것이다. 그날 「사회복지회관에서」라는 제목으로 써본 詩를 소개하면 다음과 같다.

    은유隱喩가 눈을 뜨는
    IQ50의 글씨 아래
    거대한 숟가락이 누워 있었다.

    나무로 깎아 만든
    원시인의 숟가락
    그 손잡이에는 검劍의 손막이가 새겨져 있었다.

    신비의 등불을 켜든
    손의 방패,
    그것은
    먹는 것과 싸우는 것의
    최후를 말하고 있었다.

    숟가락을 다시 보면 검이 되고
    검을 잡으면 숟가락이 되는 것은
    정신 박약아의
    밥을 초월한 용기였다.

글씨는
IQ50을 뛰어넘고 있었다.
회색빛 감관感官에 파랑불이 들어오는
원시적인 생명력의 개안開眼이었다.

엉클 톰의 목화밭

　　　　　　　　　우리가 어떤 사물을 보고 인식한
다는 것은 그 사물과 나 사이에 인식을 도와서 이를 가능케
하는 동질의 요소가 있기 때문이라는 것을 전제하고 싶다.
즉 내가 꽃이나 나비를 보고서 저게 꽃이구나, 나비구나, 하
고 인식할 수 있게 되는 것은 나의 눈동자 속에 이미 꽃이나
나비의 소성素性이 들어있기 때문에 실제의 꽃과 나비라는
대상적 존재와 나의 눈동자가 지니는 주체적 존재 사이에
내재內在한 동질의 요소가 그 사물에 대한 인식을 가능케 한
다고 전제할 때 여기에서 하고자 하는 나의 이야기는 분명
한 초점을 붙들게 될 것으로 생각되기 때문이다.

「엉클 톰스 캐빈」은 지금도 나의 기억 속에서 생생하게 되살아나고 있다. 그만큼 이 작품은 나에게 깊은 인상을 새겨 주었다. 나에게 있어서 이 작품의 인상은 강렬했다.

물론 이 작품에서는 무저항주의라든지 혹은 자유와 평화를 추구하는데 있어서 밀도 있는 스토리의 전개도 좋았지만 이보다도 특히 나의 관심을 사로잡게 한 것은 작품의 시적 표현이다.

영상예술映像藝術뿐만이 아니라 음악이나 무용 할 것 없이 모든 예술을 승화시키기 위해서는 시적 표현이 따르지 않을 수 없게 된다.

시적 표현이 '어쩐지'의 세계를 형상화하는 작업이라면, 예술이란 바로 이 '어쩐지'의 세계를 내포하지 않으면 안 되기 때문이다.

그만큼 이 두 요소는 서로 떼려야 뗄 수 없는 불가분의 관계에 있다고 하는 성격을 지니고 있기 때문이다.

나는 여기에서 "어쩐지 좋다"고 할 수 있는 시적 표현이라고 감히 말할 수 있는 장면을 말하라고 한다면 서슴없이 이 작품에 나오는 그 노을 진 들녘의 목화밭이었다고 말하고 싶다.

왜냐하면 그것은 예술에의 극치, 즉 시적 승화를 꾀함으로써 자극적인 감동을 주면서도 다각적인 효과를 가져다 주고 있기 때문이다.

어떤 사람은 목화밭을 가지고 뭘 그렇게까지 생각하느냐고 반문할지 모르지만 이것은 모르는 말이다.

무한대와 무한소를 가능케 하고, 미학적 절정을 가능케 하는 예술의 정신세계를 인식하지 못하는 사람의 말이 될 것이다.

게오르규가 우리나라에 왔을 때 그가 한 이야기 중에서 모자이크에 대한 이야기가 생각난다.

여러 가지의 다른 빛깔의 돌들을 하나하나 정성껏 놓아 나가면서 꽃 모양의 모자이크를 만들고, 이 작은 꽃 모양의 모자이크를 종합할 때 훌륭한 모자이크가 되듯이 시의 한 구절이나 영화의 한 커트가 얼마나 중요한가 하는 것을 생각하게 될 때 나의 목화밭 이야기는 뜻이 있을 것으로 생각된다.

이 작품에 있어서의 목화밭은 노을 진 들녘에 펼쳐지고 있었다. 무자비한 인종차별의 채찍 아래에서 억눌림을 당해 온 흑인들이 하루의 노동을 마치고 휴식처로 돌아가는 자연

속의 행진은 무엇인가를 생각하게 한다.

이와 같은 상황에 처한 시간에 아늑한 위안을 주는 목화의 빛깔에서 환희를 떠올리게 되고 미래의 밝음을 예감하게 된다.

인간이 인간(피부의 빛깔이 다른)으로부터 학대를 당하게 될 때 그 극한 상황 속에서 같은 피부 빛깔의 인간 이외에는 자유를 찾게 되고, 그 자유 속에 깃들어 있는 신의 소리를 갈구하게 된다.

흑인들은 영가靈歌를 부르면서 쉴 새 없이 움직인다. 이들은 목화를 따 담은 달구지를 밀면서 저물어 가는 노을밭을 걷는다.

이들은 노래를 통하여 하나님의 은혜에 감사할 줄 안다. 그리고 속박된 생활 속에서도 광명을 노래한다.

이들의 흑인영가는 바로 기도요, 영혼의 부르짖음이었다. 이 노래의 저류에는 아프리카 원시음악의 리드미컬한 음질이 흐른다.

하얀 목화밭을 지나면서 신에게 향하여 외치는 줄기찬 노랫소리에는 이 영화에서 말하고자 하는 테마가 깃들어 있기 때문에 잡다한 설명이 필요 없게 된다.

설명이 소용없을 정도로 설명 이상의 것으로 가슴을 두드려 감동케 하는 이것이 바로 예술이라고 해도 틀린 말이 아닐 것이다.

목화밭을 설정한 시각적 표현과 흑인영가를 흐르게 하는 청각적 표현이 양면의 표현에서 더욱 시정詩情이 넘치게 한 것으로 나는 기억하고 있다.

이들 억압당하는 눌린 자의 일터는 바로 이 목화밭이다. 목화의 흰빛과 흑인의 검은 육체의 빛깔이 대조를 이룬다. 이들의 이빨은 유난히도 희게 드러나 보인다.

억압당하는 자의 슬픔이 노을 진 목화밭이라고 하는 자연 속에서 다각적인 이미지를 끌어낸다.

이 목화밭을 통한 나의 상상력이란 얼마든지 뻗어 나간다. 그만큼 이 목화밭은 시적 이미지를 내포하고 있다.

나는 수난 당하는 흑인과 목화에서 친근감을 느낀다. 왜 친근감을 느끼게 되는 것일까. 그것은 나와 같은 요소가 거기에도 내포해 있기 때문이다.

우리 민족은 억울하게 수난 길을 걸어온 한의 민족이었다. 나의 한과 그들의 한, 우리 겨레의 한과 노예상인에 팔려가 혹사당한 흑인들의 한恨의 만남에서 일어나는 감동, 그것은 나의 심정을 노출시켜 얼컥이게 한다.

목화는 우리 겨레의 상징처럼 통한다. 우리의 조상 전래의 목화와 흑인노예의 목화는 순수이미지다.

그래서 나는 나 속에 내재한 즉 자체에 대한 자극적 감성을 상대적 또는 타각적으로 느끼게 됨으로써 오늘날 까지도 생생하게 기억 속에 간직하게 되는 것이다.

물론 이 작품을 쓴 미국의 여류작가 스토 부인이나 〈몬도가네〉(1962)로 유명한 이탈리아 감독 갈티에로 지코페티 연출로 이루어진 영화 '굿바이 엉클 톰'(1971)은 나의 이러한 상상력까지를 감안하고서 목화밭을 끌어 들이지는 않았을 것이다.

그러나 그 목화밭이 지닌바의 순수성의 성격이라든지 미적 감각 같은 것은 생각했을 것이다. 그 '생각'을 놓쳐서는 안 될 것이다. 내가 좋아하는 영화는 생각하게 하는 영화였다. 생각을 하게 하는 영화의 감독은 생각을 했을 것이다. 그 생각이 중요하다. 생각하는 사람에 의한 생각하게 하는 영화, 그리고 생각할 줄 모르는 사람에 의한 생각할 게 없는 영화의 중간에서 우리들은 어리둥절할 때가 있다.

발길에 걷어 채이어서 굴러가는 돌멩이일지라도 여기

에 관념을 부여하면 사상이 생긴다. 개구리를 잡아서 그 다리에 전기를 가하면 세포가 수축한다. 이 전기의 힘보다도 사람의 마음精神은 더욱 무서운 힘을 발동시킨다. 이 무서운 힘에 의해서 우리들은 뛰기도 하고 달리기도 한다.

힘은 생각思想에서 나온다. 보다 위대한 힘은 보다 위대한 사상에서 나온다. 사상이란 위대한 힘을 꾸며낼 수 있는 힘의 원동력이 되기 때문에 보다 위대한 사상을 지닌 자에 의해서 보다 낮은 생각을 하는 자는 포섭되고 흡수되고 지배당한다는 엄연한 역사적 사실을 잊어서는 안 될 것이다.

우리나라의 영상예술이 언제까지나 이런 식으로 되풀이만 반복해서야 되겠는가.

어떻게 하면 텔레비전의 저질 쇼가 사라지고 어떻게 하면 감동을 주는 영화가 나올 수 있겠는가.

볼펜이 쏟아져 나온 뒤로 우리들의 만년필은 사라져갔다. 나일론이 나온 뒤로 우리들의 목화는 자취를 감추기 시작했다. 재즈와 팝송이 판을 칠수록 가수와 탤런트들은 맹목적으로 흔들어대기를 좋아하게 되었다. 흔들어대는 율동은 그림자처럼 사라져버리고 그 자리에 남아야 하는 정신이 없었다. 그래서 맑은 눈을 가진 사람일수록 극장을 싫어하게 되고 텔레비전이 없는 방을 찾아 들게 되었다.

    나는 지금까지도 극장을 모르고 지내는 동안 목화밭에 향수를 느끼면서 안타깝게 생각할 때가 있다.

마음 비우기

　　　　　　　　나를 태우고 가던 택시가 청계천 로터리에서 교통순경에게 걸렸다. 내가 타고 있는 택시의 운전사가 무엇을 잘못해서 걸렸는지 알고 보니 차선 위반이란다. 내가 타고 있는 택시가 우회전을 해서는 1차선에서 2차선으로 옮겨서야 한다는 것이었다.

　1차선을 따라가던 그 택시는 깜빡이등을 켜고 미리부터 2차선으로 옮겨 서야 하는데 그러지를 못한 것이었다.

　차가 미리부터 2차선으로 들어서야 하는 거리가 우회전할 지점을 앞두고 70미터 전이라느니 50미터 전이라느니 옥신각신 시비가 붙게 되었다.

20대의 경찰관과 40대의 운전사 사이에 시작된 옥신각신은 좀처럼 쉽게 끝나지 않았다.

　처음에는 교통경찰관이 우회전하려는 그 택시를 로터리 옆으로 세우게 하고 뭐라고 뭐라고 하니까 운전사도 뭐라고 대꾸를 하기 시작하더니 그 옥신각신은 언성을 높여 가면서 면허증 같은 게 길바닥에 내동댕이쳐지는 등 꼴사나운 일이 전개되는 것이었다.

　"당신 법규 좋아하는데 운전법규나 제대로 알고서 하는 얘기야?"

　"뭐라구?"

　"70미터도 몰라?"

　"70미터가 무슨 놈의 70미터야 50미터지."

　"70미터가 옳지만 당신은 50미터 전방에서부터도 2차선으로 들어서지 않았단 말야."

　"들어설 수 있어야 들어서지! 분명히 깜빡이등을 켜고 2차선으로 가려고 해도 꽉 밀린 차들이 비켜주지를 않으니 난들 어떡하느냐 말야!"

　"당신이 2차선으로 들어선 것은 50미터도 안 된다고!"

　"비켜주질 않는데 어떡하느냐 말야. 이런 경우엔 봐주

어야지…."

"법을 어겼으니 하는 수 없지요."

"법?"

"법!"

"절대로 안 되겠오?"

"절대로 안 되지요."

"안 돼?"

"안 돼!"

운전사와 경찰관의 눈이 딱 마주쳤다. 서로 얽혀 돌던 눈길이 풀리는 그 다음 순간, 운전사가 면허증인지 뭔지를 길바닥에 내동댕이치면서 언성을 높였다.

"에이, 개××같이 건수만 올리려고……."

이때 나는 차창 밖에서 펼쳐지는 살풍경을 바라보면서 생각에 잠겨 있었다.

단군 할아버지의 자손들끼리… 싸우는 나라에서 왜 또 저렇게 싸우는 것일까. 운전사와 경찰관이 싸우지 않을 수 없는 그 원인이 어디에 있는 것일까.

여기에는 여러 가지의 복합된 요인이 있겠지만, 우선은 법의 해석과 불가피성에 대한 이해, 그리고 건수를 올리려는 현실 여건에 있지 않는가 하는 생각이 든다.

　법이라고 하는 것은 삼수변에 갈거去한 자라는 글자가 암시하고 있는 바와 같이, 물 흐르듯 순리대로 쫓아야 하는 것인 줄 안다.

　법이 사람들의 사회질서를 위해서 필요하긴 해도 지나치게 법, 법, 법, 하고 법만을 내세운다면 그 사회는 딱딱하게 굳어지고 찬바람이 휭휭 돌게 될 것이다.

　물이 있으면 불이 있어야 하듯, 법이 있으면 좀 더 따뜻한 요소가 요구된다. 나는 그 요소를 사랑이라든지 인정 같은 것으로 생각하기도 하고, 윤리나 도덕 쪽으로 생각해 보기도 한다.

　택시를 운전하는 운전사나 질서를 관장하는 경찰관은 종합적으로 평가할 수 있는 눈을 가져야 한다고 본다.

　소금은 어느 음식에 들어가거나 짠맛을 내어야 하듯 경찰관은 그 어느 장소에서나 그 누구보다도 정직해야 한다.

　소금은 아무리 오래 두어도 그 짠맛에 변함이 없듯이 정직한 사람은 처음이나 나중이나 변함이 있을 수 없다.

　일시적인 어떤 허위라든지 사기 같은 것에는 영속성이 있을 수 없다. 정직하지 못한 사람은 오래 가지 못해서 그거

짓이 드러나게 된다.

정직하지 못한 사람은 한마디로 말해서 볼 장 다 본 사람이다. 그렇다면 그 정직이란 어디에서 나오는 것일까. 거기에는 외형적인 어떠한 법의 울타리뿐만이 아니라 윤리적인 규범이 요구된다.

어떠한 일에 갑자기 부딪쳤을 때는 참을 줄도 아는 수양이 쌓여져야 한다. 그러한 수양의 결과로서 윤리로서의 공경과 사랑이 나온다.

충의 윤리는 공경이 그 근본이 되고, 효의 윤리는 사랑이 그 근본이 된다. 이러한 윤리적 규범 요소는 자기 개인의 완성과 가정의 화목 및 나라를 위하는 충성심으로 나타나게 된다.

사람을 사람답게 하는 이러한 윤리적 바탕이 없다면 어떠한 행위라는 것도 시대와 환경에 따라서 달라지게 된다.

가령, 교통질서를 바로잡기 위해 단속하던 교통경찰관이라 할지라도 달라질 수 있게도 된다. 즉 그가 만일 퇴직 후에 운전사가 되었다면 오히려 교통법규를 더 잘 어길 수도 있는 것이다.

내가 생각하기에 경찰관의 이미지는 많이 달라졌지만

아직도 석연찮은 구석이 없지는 않다.

아주 오래전, 그러니까 30년 전의 경찰의 인상은 일제의 잔재가 남아 있어서 무섭고도 냉정하게만 느껴지던 것이, 근래에 와서는 많이 부드러워진 느낌을 갖게 해준다.

그런데 그 누그러진 가운데에서 아름답지 못한 불협화음이 들린다면, 이 또한 바람직하지 못할 것이다.

내가 그려보는 민주경찰의 모범된 상은 바로 외유내강의 지팡이로서 부드러움과 강함이 알맞은 균형과 조화를 이루는 자세를 가져야 하지 않을까 한다.

요즈음 웬만하면 선진조국창조 어쩌고 하면서 그 선진조국창조라는 말이 유행어처럼 심심찮게 나돌고 있는데, 이게 과연 어울리는 말일까?

세계적으로 교통법규를 제일 지키지 않는 나라, 그렇기 때문에 교통사고가 가장 많이 나는 나라에서 선진조국창조 어쩌고 하는 것은 회칠한 무덤과도 같은 것이다. 고층 건물만 올라가면 선진이 저절로 되어지는 성질의 것이 아니기 때문이다.

이러한 현상이 어째서 좀처럼 가셔지지 않는 것일까. 여러 가지 까닭이 있겠지만 나는 무엇보다도 눈치만 살아남은 그 적당주의 찰라주의를 생각하지 않을 수 없다.

우리들의 적당주의라고 하는 것은 인접국들로부터 수없이 물려 뜯겨온 그 피침성에서 비롯된 것으로 보인다.

가령, 선우휘의 소설 「불꽃」에 나오는 싸전 주인 혹부리 고노인이 그러한 전형적인 인물이라 할 수 있겠다. 혹부리 고노인은 외아들 하나있는 게 만세운동으로 일본경찰에 희생되자 적당히 눈치껏 사는 사람이 되어버리고 말았다.

선이라든지 정의를 위해서 앞장서게 되면 자기가 희생을 당하기 때문에 적당히 눈치껏 시속에 맞추어서 살아가는 그 적당주의가 오늘날까지도 습관처럼 굳어져 왔던 것이다.

오늘날 흔히 쓰이는 의식개혁이라는 말도 이러한 역사와 현실을 보는 차원과 그 안목에서 다루어져야 할 것이다.

건수 올리기 위해서 딱지를 떼는 그 건수위주의 행정은 바람직하지 못하다고 본다.

물론 운전사는 운전사대로 사정이 있고, 경찰은 경찰대로 사정이 있을 줄 안다. 그러나 여기에서 간과할 수 없는 것은, 범죄한 손이나 발을 묶어 두거나 잘라버리는 것보다는 그 마음을 다스려가는 보다 고차적인 방법이 모색되고 향상되어야 한다는 점이다.

사거리에서 우회전을 하기 전에 깜빡이등을 켜고 차선을 미리 변경해야 하는 지점이 70m가 옳은지 50m가 옳은지, 아니면 일정한 거리의 규정이 없는 것인지 나는 분명하게 알지를 못한다.

다만 알고 있는 것은 회전하기 전에 미리 차선을 변경해야 한다는 정도의 것이다. 그날의 교통경찰관이나 운전사도 몇 미터 전방에서부터 차선을 변경하였는지 정확히는 알 수 없는 일이다.

그 정확히 알 수 없는 거리를 가지고 70m가 옳다느니 50m가 옳다느니 하고 실랑이를 하는 양상은 참으로 떫은 일이 아닐 수 없다. 인간과 인간의 관계에 있어서 껄끄러운 부분을 없애기 위해서는 마음부터 성숙되어야 한다.

차가 빽빽하게 들어차서 밀려 있을 때는 아무리 차선을 변경하려 하여도 끼어들지 못한 채 회전할 지점 가까이 접근할 수밖에 없다고 하는 그 불가피성을 이해하지 못하게 될 때 인간관계는 멀어질 수밖에 없는 것이다.

그러므로 모든 사물을 깊고 넓게 볼 줄도 알고, 입체적이고도 종합적으로 볼 줄도 아는 안목을 가져야 할 것이다.

감잎이 지는 소리

깊은 밤, 잠이 올 리 없는 나는 창밖의 어둠 속을 응시하다가 문득, 감잎이 지는 소리를 들었다. 소슬한 가을바람에 감잎이 지는 소리는 오늘 아침에 세상 뜬 친구의 혼령이 부르는 소리 같아서 귀를 연신 창밖으로 모으기도 하지만, 다 부질없는 짓이라는 것을 잘 아는 나로서는 그저 혼자서 고요 속에 잠길 뿐이었다.

그러니까 그게 언제적 일인가. 지금은 초등학교라지만 그때는 국민학교라 하였다. 개가 주인을 살렸다고 해서, 개 오獒자에 나무 수樹자 해서 오수獒樹라는 마을의 바로 그 오수초등학교를 다니기 전부터 그와는 굴렁쇠를 앞서거니

뒤서거니 굴리며 세상모르고 살던 죽마고우였다.

아버지를 일찍 여읜 그와 나는 홀어머니와 홀할머니 밑에서 자랐다. 숙제도 함께 하고, 웃몰마을 아이들과 투석전도 함께 하였는가 하면, 고추가 뾰족하게 싹 올라오던 시절부터 앞냇물 뒷냇물로 미역하러 다니기도 하였다. 그러면서 우리는 홀어머니 홀할머니 속 썩이는 일이 없이 그저 순하디순하게 오수초등학교를 다녔고, 오수중학교를 다녔는데, 그 다음부터는 학업을 달리하여 그는 회사(중원전자) 사장이 되고, 나는 민화투 놀음의 흑싸리, 홍싸리, 그 싸리 껍질 불끈 쥐고 사는 듯한 훈장이 되었다.

그 옛날 편지투에서처럼, 세월은 정말 유수와 같이 흐르고 흘러서 청춘의 정오를 지나고, 불혹을 지나 지천명의 노을 진 들녘에서 황혼의 애상에 젖을라치면 그 낭만주의자인 김종섭 사장은 우리 동창들 모임에서 술값 밥값을 내어주기 일쑤였다. 구로구 제2공단에서 녹음기를 만들어 미국으로 수출한 그는 바이어와 만나 양주를 기울이면서부터 건강을 잃기 시작했다.

그가 영어를 그렇게 유창하게 구사하지 않았더라면 미국인 바이어와 양주를 기울이지 않았을 것이고, 건강을 잃지 않았을는지도 모를 일이다. 그러나 이제 와서 생각한들 무슨 소용이 있겠는가. 가슴만 아픈 일이지….

그가 위 수술을 한 후로 나는 되도록 그와 만나지 않으려고 애썼다. 만나지 않으려고 애쓰다니 그게 무슨 말인가. 우리는 서로 만나고 싶어 했다. 시골에서는 골목을 사이에 두고 이웃에서 살았던 우리는, 만나기만 하면 헤어지기를 싫어했다. 그러나 그는 술을 좋아하기 때문에 나는 그의 건강을 위해서 도망쳐 나오기 일쑤였고, 오랫동안 소원하게 지냈다.

그러던 어느 날, 친구로부터 그가 백병원에 입원했다는 말을 들었다. 내가 허둥지둥 백병원에 찾아갔을 때 그는 피골이 상접한 몰골인데도 나에게 힘없이 웃으면서 태연하게 말했다.

"간암이야. 원장이 가망 없으니 퇴원하래. 집에 가서 정리하래."

나는 그의 손을 잡은 채 왈칵 쏟아지는 눈물을 어쩔 수가 없었다. 이럴 줄 알았으면 차라리 자주 만나기나 할 것을…… 하는 후회가 밀려왔다.

그 병실을 나온 것이 그와의 마지막이었다. 그 병실에서

제3장 마음 비우기

웃음을 만들어 보여주면서도, 공허하게 쓸쓸히 웃던 그의 얼굴 모습을 다시 보게 된 것은 삼성의료원 영안실에서의 영정이라고 하는 사진틀에서였다. 사진으로 웃고 있는 그의 영정 앞에서 향을 피우고 절을 하였다. 그리고 2남 1녀, 그 상주와 맞절을 한 다음, 나는 그의 자녀들에게 굳세게 살아달라고 당부하였다. 우리들 모두 다 물처럼 흘러간다. 다만 먼저 간 게 섭섭할 따름이라고 하면서 그 자리를 벗어났다.

밤은 적적 고요한데, 다음날의 강의를 위하여 학교로 갈까. 피곤한 심신을 쉬기 위하여 집으로 갈까 하고 망설이다가 결국 집으로 차를 몰았다. 잠이 올 리가 없었다. 창을 열면 감나무가 보인다. 이 집으로 이사 올 때 서초동 꽃마을에서 사다 심은 감나무가 커서 주먹만 한 감이 가지가 찢어지도록 열린다. 낙엽이 되어지려면 아직도 더 지나야 하는데, 벌써 떨어지는 감잎이 더러 눈에 띄었다.

저렇게 일찍 지는 감잎처럼 일찍 지고 만 그 김종섭이라는 친구의 웃는 얼굴이 자꾸만 아른거려서 또 눈물을 왈칵 쏟았다. 속절없이 눈물을 쏟는 것을 보면 나라는 감잎도 떨어질 날이 멀지 않은 것인가. 감잎이 지는 가을밤에 잠은 오지 않고 청승맞게 감나무 이파리만 바라보는 나 자신이 떨어질 날 얼마 남지 않은 감잎 같아서 보이지도 않는 하늘, 감나무 사이사이로 조각난 하늘께로 황새처럼 목을 빼고 있었다.

  언제까지나 친구의 혼령이 뭐라고 말하는 소리인지 자꾸만 되뇌이는 듯 스산한 가을바람에 속절없는 시름을 실어 보내면서…….

정신 춘궁기

김동리의 소설 『밀다원시대密茶苑時代』가 생각난다. 이 작품은 작가가 6·25 전쟁 당시 부산피난시절에 겪었던 실화를 바탕으로 소설화한 것이다. 이 작품이 평가되는 까닭은 휴머니즘 정신에 입각하여 인간성을 옹호하면서 삶의 근원적 의의를 탐구해 가는 그의 작가적 발상이 감동을 주기 때문이다.

6·25로 인해 사회적 혼란에 처한 인간들의 모습이 여러 형태로 나타나게 되는데, 이 암담한 사회 현실을 바라보는 작가의 눈이 예리하게 번득였다. 현실이 부정적인 양상으로 나타나게 될 때 작가는 가만히 있지 못하고 비뚤어진 현

실을 고발하기에 주저하지 않는다.

작가는 이 소설에서 다방에서 나는 사람들의 소리가 닝닝거리는 꿀벌떼 소리 같이 고막을 울렸다고 했는데, 이는 진정으로 사람을 옹호하는 휴머니즘적 기본 바탕에서 우러나온 말이라 할 수 있다. 오늘날 우리들은 김동리 선생의 이러한 문학 본령으로서의 정신을 귀감으로 삼아야 할 것이다.

오늘날 한국의 문단은 지리멸렬하다. 갈가리 흩어지고 찢기어 갈피를 잡을 수 없이 되었다. 야단치는 어른이 없고, 지조를 지키려는 선비도 없다. 문학 인플레 현상은 쓸모없는 반거들충이 문인을 양산하고 있다.

수필가 김규련 선생의 지론대로 이 나라 문단은 물론 훌륭한 문사가 더러는 있겠지만, 문치文稚가 있는가 하면 문충文蟲이 있고, 문적文賊이 있는가 하면 문간文奸이 있으며, 문노文奴가 있는가 하면 문기文妓도 있다. 그래서 문인들은 존경의 대상이 되지 못한 채 천민으로 전락하고 있다.

김동리 선생의 관심은 '밀다원'에서 닝닝거리는 꿀 벌떼 같은 문우들의 소리에 있다. 이 정신적인 보릿고개에 옳은 것 옳다 하고, 그른 것 그르다고 똑 부러지게 주장하면서도 양식 있는 문인으로서의 자존심을 세워나가는 그런 자세를 견지해야 할 것이다.

마음의 무지를 타개하기 위해서 나온 게 종교요 몸의 무지를 타개하기 위해서 나온 게 과학이다. 우리나라는 무역 1조 달러 시대를 여는 쾌거를 이뤘지만 불만이 가득한 시민들은 못살겠다고 아우성이다. 일부이기는 하지만 스님도 신부도 목사도 갈등을 증폭시키고, 언론도 덩달아서 부채질을 한다.

단군 이래 가장 배부르게 잘사는 시대에 이유 없는 미움이 들끓고 있다. 종교와 언론은 문제를 발견하고 대안을 찾아 해결하도록 도와주고 향도해야 한다. 수심강정水深江靜이라는 말이 있다. 물이 깊은 강은 고요한 법이다.

가장 잘산다는 선진국 미국이 재정적자로 허덕이고, 유럽 주요 국가들이 빚으로 무너지는 와중에서도 우리만 신용등급이 오른 것이나, 세계적인 경기침체 속에서도 우리 기업들이 세계시장을 누비며 우리의 위상을 높이는 것은 다행한 일이다.

문제는 이러한 와중에서도 나타나는 상대적 박탈감이다. 다 같이 가난하면 견딜만하다. 그러나 빈부의 차가 극심하게 될 때 상대적 박탈감은 견디기 어렵다. 그러나 흥분은 금물이다. 이성의 마비는 타락을 부르기 때문이다. 이럴 때일수록 정돈된 생각을 가져야 한다. 아무리 어려울수록 아우성으로 갈등을 증폭시킬 게 아니라 원망스러움을 감사로 돌릴 수 있는 슬기부터 찾아야 한다.

교재는 사지도 않으면서 술추렴에는 아낌없이 쓰는 학생처럼, 일 년에 한 권의 책도 읽지 않으면서 선동에 앞장서는 사람은 우선 자기가 살아있다는 존재 자체부터 감사해야 할 것이다. 햇빛에 감사하고 공기에 감사하며 한 모금의 물에도 감사할 줄 알아야 할 것이다.

문학도 감사 기도로 시작해야 따뜻하고 아름다운 문학 작품이 탄생될 것이다. 그래야 곧은 물레의 가락처럼 떨지 않고 부드러운 소리를 낼 수 있기 때문이다. 떨지 않고 부드러운 소리를 내는 물레처럼……..

죽어야 산다

　　　　　　　　　　김치를 담그려면 배추를 소금물에 절여야 한다. 그렇게 하면 배추가 숨이 죽는다. 배추가 숨이 죽어야 김치를 제대로 담글 수 있지, 그렇게 하지 않으면 배춧잎이 펄펄 살아서 김치를 담글 수 없게 된다.

　배추가 소금물에 숨이 죽어야 김치가 되듯이, 사람도 소금물 같은 진실한 고난을 통과해야 비로소 사람다운 사람이 될 수 있게 된다. 이것은 만고불변의 진리다. 그래서 성인 성聖자는 귀 이耳부터 시작한다. 남의 말을 잘 들어야 한다. 이게 첫째 가는 덕목이다.

　며느리는 시어머니의 말을 잘 들어야 하고, 시어머니는

며느리의 사정을 알아야 한다. 대통령은 국민의 소리를 귀담아들어야 하고, 국민들은 대통령과 나라의 처지를 살펴야 한다. 상의하달上意下達과 하정상달下情上達이 잘 이루어지면 동맥과 정맥이 잘 돌아서 신진대사가 잘 되는 인체처럼 국가는 발전하게 된다.

작년 12월에 우리나라는 무역 1조 달러 시대를 여는 쾌거를 이뤘다는데, 그렇게 무역강국으로 발돋움했다는데, 정부를 비판하는 소리가 왜 높을까? 그것은 소통의 부재에 있다. 대통령뿐 아니라 그를 보좌하는 청와대나 국회나 법원이나 국민의 소리를 듣는데 등한했기 때문이다.

가장 이상적인 국가체제는 인체의 모양을 닮았다. 피가 제대로 순환하지 않는다거나 신경에 문제가 생기면 뇌성마비 같은 지능장애를 일으킨다. 팔은 팔대로 놀고, 다리는 다리대로 놀며, 눈은 눈대로 돌아가기 때문에 요리조리 뒤틀리면서 찔쑥쩰쑥 힛뜩번뜩한 일그러진 얼굴을 허공에 치켜올리면서 건들건들 걸어보려는 모습은 차마 볼 수 없는 형국이다.

우리 사회가 바로 이 모양 요 꼴이다. 젊은이들은 대통령을 욕하는데, 어찌 대통령 한 사람 책임이겠는가? 여기에는 여당, 야당 할 것 없이 귀를 막고 살아온 지체 높은 사람들의 타락에 있다. 타락이란 무엇인가? 자기의 존재 위치를 떠난 게 타락이다.

국민들이 나라 살림하는데 상머슴 하라고 국회의원 뽑아주니까, 자기들 잇속은 알뜰히 챙기면서 제주 해군기지 예산 1,327억을 49억으로 96%나 삭감을 했다. 거대여당이 기지 반대단체 출신에 휘둘림으로써 안보 우선 원칙을 저버렸다. 머슴들이 할 일은 안 하고 새경만 챙기는데 급급하는 꼴을 보고 있으면 창경궁 거인 문지기 생각이 난다.

언젠가 창경궁 문지기가 아주 키가 큰 거인이었는데 밥만 축낼 뿐 하는 일이 없었다. 그저 문 앞에 서 있다가 앉아 있곤 하였는데, 사람들은 코끼리 구경하는 것보다도 그 거인을 구경하는 것이었다. 이런 무력증은 국회뿐 아니다. 법을 우습게 여기게 만든 사법부나 믿을 수 없게 만드는 언론이나 다 거기서 거기다.

이제는 정말 소금물에 절여져야 한다. 잘 죽어야 한다. 우리 조상들은 흉년들고 외침으로 침탈을 당하여 연명할 게 없을 때는 스스로 굶어 죽기도 했다. 그러나 후손들을 살리기 위해서 독 속에 씨앗을 남겼다. 후손들이 자자손손 씨앗을 뿌려서 살게 하기 위해서였다. 그래서 성현들은 죽고자 하는 자는 살고 살고자 하는 자는 죽는다고 하였다.

　나라 살림을 맡아서 하는 사람들은 배추처럼 소금물에 들어가야 한다. 그렇게 하지 않으면 김치가 되더라도 군내 나는 우거지로 전락하여 주인(국민)에게 내침을 당하게 된다.

이인삼각과 모래밥

인간은 불완전하기 때문에 불안전하다. 그래서 인간은 보다 안전하기 위해서 완전하기를 바란다. 그런데 완전한 존재는 절대자 신(하나님) 밖에 없다. 따라서 인간은 보다 완전한 절대자와의 관계를 회복함으로써 절대행복 절대사랑을 누리고자 한다. 그러나 이 세상은 종교가 많이 있는 데에도 불구하고 성윤리는 날로 무너져 가고, 이혼율은 급증하고 있다.

종교가 제 구실을 다하지 못하고 있기 때문이다. 옷 로비 사건의 중심인물들이 소위 고등종교라는 기독교의 내로라한 인물들이었다는 것만 보아도 그들이 얼마나 배부르고 사치한가를 단적으로 알 수 있다. 성경에 나와 있는 예수님 말씀 가운데는 "네 이웃을 네 몸같이 사랑하라"는 말도 있는데, 그들은 이 말과 상관없이 가난한 이웃을 외면한 채 호의호식하고 살았던 것이다.

이는 종교가 생활화되어 있지 않았기 때문이다. 많은 종교는 있어도 세상은 어지럽기만 하다. 우리 사회가 종교 이념과는 상관이 없는 반대 방향으로 줄달음치고 있는 듯한 느낌을 받는다. 기독교는 뾰족한 창과 같고, 불교는 넓적한 방패와 같다. 기독교의 순교 정신은 장점이지만, 여호와의 신 외의 모든 것은 잡신이라 하여 심지어 단군상의 목을 자르는 그런 배타성은 결점이라 하지 않을 수 없다. 이러한 이기주의는 부정적인 요인으로 작용한다.

이와 같이 상대방을 배려할 줄 모르고 자기만 아는 데서 이혼율의 급증 등 많은 사회문제가 파생한다. 나는 결혼식장에서 이인삼각二人三脚을 강조한 적이 있다. 남자와 여자가 부부가 되면 발 하나씩을 묶고 뛰는 이인삼각과 같은 행보를 하게 된다. 남편이 아내를, 아내는 남편을 먼저 배려하지 않고 걷게 되면 얼마 걷지 못하여 쓰러지게 된다.

남편이 아내보다 키가 큰 경우, 그 남편은 아내를 위하여 보폭을 작게 하여야 하고, 아내는 남편의 걸음걸이를 위하여 보폭을 크게 떼어놓으면서 보조를 맞춰야 한다. 큰 사람은 작게, 작은 사람은 크게 보폭을 떼어놓으면서 박자를 맞춰야 한다. 그렇게 상대방 위주로 걷지 않으면 그 부부의 생활은 얼마 가지 않아서 끝장이 나게 된다.

신혼 초에는 깨를 볶듯이 재미있게 살던 사람이 왜 이혼을 하게 되는 것일까. 여러 가지 이유가 있을 수 있겠지만, 가장 큰 이유는 부부가 하나님을 중심으로 함께 보지 못하기 때문이다. 부부는 서로 마주 보아서는 안 된다. 부부는 함께 보아야 한다. 부부가 함께 보기 위해서는 자기를 내세우지 말아야 한다. 자기를 내세운다는 말은 서로 묶여있는 발목을 생각하지 않고 자기 뛰고 싶은 대로 뛰는 행위와도 같다.

옛날부터 남편을 나무로 비유했고 아내를 밭으로 비유해 왔다. 남편이라는 나무는 기름진 밭에 뿌리를 뻗고 싶어 하고, 아내라는 밭은 자기에게서 훌륭한 수목이 자라기를 바란다. 그런데 세월이 가면 나무가 몸살을 앓기도 하고, 밭이 산성화되기도 한다. 나무는 무성한 잎을 떨어뜨려 밭을 기름지게 가꿔야 하고, 밭은 나무가 잘 자라도록 영양을 공급해야 한다. 이 나무와 밭의 수수작용처럼 부부는 서로 가꿔야 한다. 외조와 내조가 그것이다.

부부가 권태기를 수월하게 넘어가기 위해서는 신비를 잃지 않기 위해서 노력해야 한다. 생활이 그대를 속일지라도 그대는 노하지 말라고 푸시킨 시인은 갈파했다. 피아노도 조율을 하지 않으면 줄이 늘어나서 제소리가 나지 않는다. 사람도, 부부도 피아노처럼 조율이 필요하다. 조율해야 할 때 조율을 하지 않고 때를 놓치게 되면 제 소리가 나지 않는다. 그 소리는 가령 이런 소리일 것이다.

남편이 피곤한 몸을 이끌고 집에 들어왔을 때 누워있던 아내가 누워있는 채로 "나 너무도 피곤해요. 라면이나 끓여 드세요"라고 말할 수 있다. 그런데 감지 않은 머리에서 비듬이 뚝뚝 떨어진다거나, 말할 때 이빨 사이에 붙은 고춧가루가 보인다거나, 버릇없이 방귀를 뿡뿡 뀌었다고 했을 때 신혼 때의 신비 의식은 박살이 나고 말 것이다.

한술 더 떠서 "앞집 아무개 아빠는 2천cc 자가용을 굴리고 30억짜리 아파트로 이사를 했는데, 당신은 뭐요 뭐요 뭐욧!" 하고 대들게 되면, 남편이라는 나무는 이 산성화되어 버린 메마른 밭을 떠나 기름진 밭에 뿌리를 뻗으려고 한다.

그런데 결혼한 사람들은 보증수표를 받아놓은 것처럼 안심하는 것 같다. 안심할 일이 아니라 항상 청결하고 아름답게 가꾸어 신비를 유지해야 한다.

똑같은 귀뚜라미지만, 가을밤에 듣는 소리의 귀뚜라미와 하수도 계량기 통 속에서 바글거리는 곤충의 귀뚜라미는 천양지차가 있다. 이와 마찬가지로 똑같은 남편이고 아내지만 청결과 불결 사이에는 천양지차가 나지 않을 수 없다. 여기에 "당신 뭐요 뭐요 뭐욧!"까지 겹친다면 정나미가 떨어져서 더 못사느니 이혼하느니 하다가 파경에 이르게 된다.

그런데, 남편이건 아내건 그 어느 쪽이건 파경, 즉 거울을 깨뜨린 자에게는 문제가 있다. 그 문제란 참을성이 결여된 문제를 말한다. 나도 참아야 할 때가 있다. 내가 나를 생각해도 나는 참을성이 많은 사람인데, 내가 참기 힘든 경우란 정말 참다가 죽기 아니면 까무러칠 정도로 인내를 요할 때가 있다. 그럴 때 나는 옛날이야기 하나를 떠올리곤 한다. 그 이야기는 다음과 같다.

옛날에 도량이 넓어서 도무지 화를 내지 않은 사람이 있었다. 부인은 남편이 도대체 얼마나 참을성이 있는지 알고 싶어서 남편의 밥그릇에 모래를 섞어 넣었다. 첫 수저에 모래 밥이 씹히자 아내에게 냉수를 한 그릇 떠오게 하더니 그 물에 밥을 말아서 건져 먹더라는 것이었다. 나는 화가 나서 참아야 할 때면 그 모래 밥을 먹던 사람을 생각한다. 그렇게 되면 백금에 보석 놓은 내 가슴에도 태평천하가 이루어진다.

나는 요즈음 가끔씩 아내더러 "여보, 찬물 한 그릇 떠다 주구려" 하던 옛 사람의 말 대신에 "여보, 나 커피가 생각나는데, 될 수 있겠소?" 하고 넌지시 떠보면 그녀는 피곤해도 타오기 마련이다. 그러나 "커피 한 잔 타오시오." 이렇게 말했다가는 "당신이 타 마시구려"라고 탁구공이나 배드민턴 날아오듯 되돌아올 게 뻔하므로 상대방의 의사를 존중하여 물어보는 식으로 돌려서 우회적으로 말한다.

만일에 "커피 안 타 올 거야?" 이렇게 재촉한다면, "당신 손은 두었다가 무엇에 쓰려우?" 이렇게 튕겨 돌아올 게 뻔하기 때문에 글을 쓰다가도 아주 부드럽게 "커피가 생각나는데 되겠소?" 하고 넌지시 떠보면, 백발백중으로 나에게 딱 맞는 커피를 대령하기 마련이다. 내가 이렇게 대접을 받기까지에는 아내에게 져주는 것이 이기는 거라는 진리를 수없이 터득하면서 인생길이라는 장애물을 넘어왔었다.

바닷가에서 계란 같은 조약돌을 만든 것은 무쇠로 된 정이 아니라 부드러운 물결이라는 이치를 부부간의 삶의 지혜로 적용하면 어떨까? 이 세상의 모든 남편들이여, 아내들이여, 다리가 긴 사람은 좀 짧게, 짧은 사람은 좀 길게 내어디디면서 상대방과 함께 보조를 맞추어간다면 모래 밥을 찬물에 말아 먹는 생각은 하지 않아도 좋을 것이다.

이상적인 부부

　　　　　　　진실한 사랑은 부부가 함께 하는 데에 있다고 '랩소디[狂詩曲]'라는 영화는 말해주고 있다. 여주인공이 유명한 바이올리니스트가 연주하는 곡을 듣고 그 음악성에 너무도 매료되어서 사랑하게 되었는데, 결혼을 하고 나니까 그 음악가는 부인보다는 음악에 심취하게 되었다. 그는 연주회를 앞두고 혼자 연습을 하는가 하면, 해외에서 연주회가 있을 때마다 혼자 출타하여 연주를 하게 되었다. 그 바이올리니스트가 환호하는 청중들의 우레와 같은 박수 소리에 만족해 할 때 그의 부인은 몹시 외로워서 더 이상 지탱하지 못하여 이혼을 하고 피아니스트와 재혼을 하게 된다.

그런데 이 피아니스트는 연습을 할 때마다 부인을 곁에 앉게 하고, 악보를 넘겨주도록 한다. 그렇게 함께 생활하는 동안에 악보도 익히게 되고 음악성도 이해하게 된다. 해외에서 연주를 할 때에도 부인과 함께 가게 되는데, 수많은 관중들 앞에서 연주할 때 그녀는 악보를 넘겨주는 역할을 하곤 하였다. 그러던 어느 날 그렇게 연주하는 광경을 그녀의 전남편이었던 바이올리니스트가 바라보게 되는데, 그 순간 관객들은 '자기 혼자만 예술을 추구한다면 그 반려자는 고통을 받는다는 것'을 느끼게 된다.

이 '랩소디'라는 영화는 부부란 함께 해야 원만한 가정생활로서 행복을 유지할 수 있다는 암시를 주제로 깔고 있다. 일리 있는 지론이다. 물론 인생이란 이러한 이야기를 절대적인 기준으로 규정할 수는 없을 것이다. 경우에 따라서 때로는 악보를 넘겨주는 일을 즐겨하지 않는 이도 있을 수도 있겠고, 독립된 자기 세계를 갖고자 하는 이도 있을 수 있을 것이다. 또한 수년씩 떨어져서 살아야 할 원양어선 선원이나 해외에 나가서 일하는 근로자 부부들도 얼마든지 있을 수 있다.

때로는 종교사회에서 계몽이나 선교를 하기 위하여 수년간 떨어져 사는 부부도 있을 수 있고, 심지어는 아기를 고아원에 맡기고 청교도적인 삶을 기꺼이 사는 경우도 있고, 전쟁으로 나뉜 부부가 일평생 애타게 기다리며 사는 부부도 있을 수 있다. 이러한 극한 상황을 극복해 가야 하는 비장한 각오로 사는 사람의 눈에는 남편과 떨어져 사는 날이 많다고 해서, 그 고독, 그 외로움을 견디지 못하고 이혼하는 여성이 풍요 속의 안일, 사치나 허영으로 비칠 수도 있다.

그러나 이것은 특수한 예이고, 일반적으로 또는 보편적인 진리로서는 될 수 있는 대로 부부는 함께 있는 시간을 많이 갖기 위해서 노력해야 할 일이다. 사랑은 함께 있는 시간, 또는 함께 있고자 하는 시간과 정비례한다는 말도 있다. 부부가 함께 있지 않음으로 인해서 파경이라는 비극이 초래되는 경우가 비일비재한 게 오늘의 현실이다. 권지예의 소설 『꿈꾸는 마리오네뜨』는, 파리에 가서 유학하는 남편과 서울에서 과외를 하면서 어린 딸을 기르는 부인이 각각 떨어져 살다가 그 부인이 파리에 가서 남편을 만나지만 예전 같지 않고 서먹서먹하다는 이야기다.

남편이 외출한 뒤에 부인이 방을 청소하다가 여성의 음

모를 발견하게 되어, 남편의 불륜 증거물을 찾아내게 된 그 날 남편이 돌아오자 그녀는 자신을 자해하며 자살극을 벌이다가 남편의 만류로 아내는 다시 한국으로 돌아온다는 이야기인데, 이러한 가정의 붕괴 현상은 여러 요인이 있겠지만 우선은 신체적 근접성의 상실로 인해서 인형처럼 되어가고 있는 것이다. '마리오네뜨' 즉 가정의 사막인 인형화를 막는 길은 부부가 시간과 공간을 함께 공유하는 길이다.

가을의 기도

이 가을에는 기도하게 하소서. 겸허한 마음으로 기도하게 하소서. 저희들을 존재하게 하신 하나님의 은혜에 감사하는 마음으로 기도하게 하소서.

이 세상을 아무리 돌아보아도 마음 편할 곳이 없습니다. 하늘도 저렇게 맑은 가을하늘인데, 마음들이 편안하지 않습니다. 의약분업 탓도 있고, 부실기업 탓도 있고, 혈세만 축내며 세월을 보내는 국회의원들의 탓도 있습니다마는, 보다 근본적인 이유는 십자가가 너무도 무겁다는 사실입니다.

이 우주를 창조하시고 주관하시는 하나님, 새로운 생명

과 사랑으로 인격 혁명을 일으켜 주시는 하나님, 저희가 어려울 때마다 십자가를 가볍게 해달라고 기도하지 말고, 무거운 십자가를 감당하게 해달라고 기도하는 저희가 되게 하여 주옵소서.

하나님의 섭리 가운데, 좋은 일들도 많이 일어나고 있습니다. 남북이 서로 손을 맞잡고 새로운 통일의 시대로 움직이고 있습니다. 경의선도 뚫린다고 합니다. 그런데도 저희들은 피로에 지쳐 있습니다.

초창기의 그 하나님의 은총을 되살리게 하여 주소서. 초창기의 그 은혜를 되살리게 하여주옵소서. 이를 위해서는 스스로 마음의 창을 닦게 하여 주소서. 맑은 눈으로 하늘을 보듯이, 겸허한 마음으로 세상을 바라보며 기도하게 하소서.

뜻을 위해 너도 수고하고, 빚을 지지 않는 저희들이 되게 하여 주소서. 의무만 남고 자율이 사라진 현실에서 인격 혁명을 모색하게 하소서.

강변의 아름다운 조약돌을 만드는 것은 쇠로 만든 정이 아니라, 부드럽게 어루만지는 물결이라는 이치를 터득하게 하여 주소서. 그리하여 저희들로 하여금 당신의 창조 목적을 위한 도구로 써주소서.

성 프란치스코처럼 미움이 있는 곳에 사랑의 씨를 뿌리게 하소서. 절망이 있는 곳에 희망을, 어둠이 있는 곳에 광명을, 슬픔이 있는 곳에 기쁨을 가져오는 자 되게 하소서. 위로받기보다는 위로하고, 이해받기보다는 이해하며, 사랑받기보다는 사랑하게 하여 주소서.

저희는 줌으로써 받고, 용서함으로써 용서받으며, 은혜를 줌으로써 은혜를 받을 수 있게 하여 주옵소서. 그리하여 절대 신앙에서 절대 은혜와 절대 사랑 가운데 자율의 생기가 솟아나게 하여 주옵소서.

말씀을 주신 자나 말씀을 받는 자나 하나님의 은혜로운 심정의 인연으로 감당하게 하여 주옵소서. 시종일관 은혜 가운데 뜻을 위해 충효의 도리를 다하게 하여 주옵소서,

이 가을에는 겸허한 마음으로 기도하게 하소서.

페치카와 러브레터

흑인 노예하면 떠 오르는 대표적인 문학작품인 알렉스 헤일리의 소설『뿌리』에 나오는 쿤타킨테처럼 나는 자꾸만 팔리던 끝에 결국은 최전방 부대에 배속되었다. 여기에서 '팔렸다'고 한 말에는 약간의 어폐가 있는 듯하지만, 군대 사회에서는 어디로 '떨어졌다'는 말과 함께 흔히 통용되어 온 터이므로 무리 없이 받아들여질 것으로 믿는다.

쿤타킨테가 영문도 모르는 채 낯선 곳으로 팔리던 것처럼, 나 역시 어리둥절한 채로 와수리니 신수리니 하는 생전에 들어본 적도 없는 곳으로 팔려갔다. 물론 나는 쿤타킨테와는 달리 내 나라를 지키기 위한 의무자의 신분이지만 전방의 바람은 차갑고 산은 더 높아 보였다. 병풍처럼 둘러선 산 사이를 달리는 군 트럭에 앉아서 흙먼지를 뒤집어써 본 초병들은 기억하리라. 조국의 산천이 그렇게도 낯설어 보일 수가 있을까. 그리고 38선 가까이서도 말없이 넘나드는 구름의 무상함을 …….

훈련소에서 보충대를 거쳐 백골부대로 이렇게 북상을 거듭해 오는 동안에 나는 고향 친구들을 놓쳐버리고 말았다. 신체 검사를 할 때부터 군번을 탈 때까지만 해도 서로 헤어지지 않기 위해서 개미 줄처럼 붙어 다니던 친구들이 차례차례로 떨어져 나가고 이름만 들어도 섬뜩한 백골부대로 나 혼자만 팔려가게 되었다. 나는 장에 나온 촌닭처럼 어리숙하고 어리둥절한 채로 페치카 당번을 맡게 되었다. 페치카를 맡아오던 최일병이 휴가를 가는 바람에 그것이 가장 졸자拙者인 내 차지가 된 것이었다.

나는 두툼하게 누빈 솜옷에 감자막 같은 털모자를 내려쓰고는 밤이나 낮이나 벽난로 불을 지피는 게 일이었다. 아궁이의 탄재를 뒤집어쓴 나의 몰골이라든지 행동거지가 말이 아니었다. 딴에는 천태만상의 생각이 굽이치고 있었지만, 상대방의 얼굴을 보기 전에 모자의 계급장께로 눈이 먼저 가게 되는 특수사회에서는 조용히 있는 게 상책이었다.

그해 겨울엔 20년 만의 추위니, 30년 만의 추위니 하는 얘기가 떠돌 정도로 지독한 강추위가 몰려왔었다. 그래서 내무반을 들락거릴 때마다 손잡이 쇠가 손바닥에 쩍쩍 들어붙는가 하면 소변이라도 보게 되는 경우엔 오줌줄기가 떨어지면서 고드름이 되어 올라오는 정도였으므로 페치카의 존재가치가 크게 인정될 수밖에 없었다. 그러나 신병이 맡게 되는 페치카 당번이란 그렇게 천덕꾸러기일 수가 없었다.

그래도 나는 페치카 온기에 은근한 정을 느끼게 되었다. 달구지(수송병)들은 기름때 묻은 군복을 걸치고 다녔는데 호주머니엔 드라이버 등의 공구가 무겁게 들어 있었다.

나는 그들이 밤늦게 돌아오면 페치카에 올려둔 저녁을 꺼내주곤 했다. 그리고 기름 묻은 손이며 얼굴을 씻을 수 있도록 데워놓은 물을 꺼내주곤 했었다. 그들이 잠든 뒤에도 나는 시간에 맞춰서 페치카 아궁이를 살펴보곤 했었다.

전우들은 추운 겨울을 따뜻하게 살기 위해서 사랑의 편지들을 썼다. 마음은 청산유수인데 펜이 제대로 말을 들어

주질 않아서 썼다가는 찢어버리기를 되풀이하는 모습을 안타깝게 보아 오던 나는 알량한 생각이라도 힘이 되어주고 싶었다.

나의 겉모양은 비록 검은 고목처럼 탄재가 꾀죄죄 흐르는 누비옷을 입고 있을지라도, 닥터 지바고가 설원雪原의 페치카에 장작이 타는 집에서 시를 쓰는 기분으로 홍일병의 러브레터를 써주었다.

홍일병은 도청에서 근무하는 미스 박을 죽고 못 살게 좋아하고 있었는데, 나는 그의 태도가 너무도 진지했기 때문에 안심하고 편지를 써주었다. 곤충들이 줄지어 기어가는 듯이 볼품 사나운 나의 글씨를 그는 다시 정서를 해서 부쳤었다.

그는 A대 회화과 출신으로서 글씨는 나보다 잘 쓰기 때문이었다.

지성이면 감천이라고, 우리 두 놈의 공동 작업으로 이루어진 연애편지가 그녀의 회신을 물어오는 효력을 발휘하게 되었는데, 그 후로도 나는 그가 부탁할 때마다 과즙果汁이 풍부한 언어들을 동원시켜 가면서 감미로운 글을 써주곤 했었다.

이 보잘것없는 벽난로 당번병을 끌어들인 그의 작전은 승승장구 성공을 거듭하여 마침내는 결혼의 문을 통과하게 되었고, 제대 후에 청첩장을 받고 찾아갔던 나는 그의 들러리로 서서 명문대 출신의 신부가 너무도 예쁜 미모의 여성임을 속으로 감탄하면서 진심으로 축하의 박수를 보냈던 것이다.

요즈음도 그는 아이들 돌이라, 생일이라 해서 나를 초대하여 제 아비를 모시듯 할 때에는 여간 흐뭇할 수가 없다. 나는 그들이 따라주는 잔들을 넙죽넙죽 받아 마시면서 페치카 당번병 시절을 회상하는 것이었다.

깊은 밤, 참나무 숲속으로 사락사락 눈이 내린다. 그 중부전선의 밤, 페치카 아궁이에 탄을 지펴놓고 돌아와 고향 꿈을 꾸느라고 모포를 차 던진 전우에게 담요를 덮어 주고는, 언 뿌리를 위해 보리밭을 밟는 마음으로 사랑의 편지를 쓰던 시절도 어느덧 10년이 지나고 20년이 다 되어 간다.

군대의 싱싱한 시절에 오가는 사랑의 편지란 모래알같이 많고 별떨기 같이 많지만, 그 가운데 진실한 사랑의 감동으로 울려서 평생을 간직하고 영원히 남아질 수 있는 편지란 그리 흔하지 않을 것이다. 사랑이란 기교가 아니라 생명이기 때문에 페치카의 뜨거운 심정이 흘러야 한다. 그 뜨거움이 항상 온천으로 솟을 때 상대방은 감동하여 호응해 오게 된다. 세상이 추울수록 뜨거움이 그립기 때문이다.

 이 정도의 철학도 없이 러브레터를 쓴다는 것은 세상을 너무 얕보는 행위요, 자기를 싱거운 장난꾼으로 전락시키는 행위라 할 수 있다.

 전방 지대의 막사마다 건빵 호주머니처럼 부착되어 있는 페치카, 그것은 간이역이 서 있는 초등학교 교실의 장작 난로처럼 정겨운 불꽃으로 심신을 녹여주는 원시적인 에너지를 지닌다.

 그 힘이란 무엇인가. 서로가 서로를 위하고 아껴주는 마음으로 골짜기의 얼음을 깨고 빨래를 하면 할수록, 벽난로를 피우면 피울수록, 사랑의 편지를 쓰면 쓸수록 결국 그 사람의 영혼, 그 사람의 인생은 깨끗해지고 아름다워진다고 하는 사랑의 힘이요, 샘솟는 진리의 힘이라 하겠다.

참새와 까마귀說

"양심이란 가시?" "네. 그냥 가시지요. 양심이란 손끝의 가십니다. 빼어버리면 아무렇지도 않은데 공연히 그냥 두고 건드릴 때마다 깜짝깜짝 놀라는 거야요. 윤리요? 윤리. 그건 '나이롱' '빤쯔' 같은 것이죠. 입으나마나 불알이 덜렁 비쳐 보이기는 매한가지죠. 관습이요? 그건 소녀의 머리 위에 달린 리본이라고나 할까요? 있으면 예쁠 수도 있어요. 그러나 없대서 뭐 별일도 없어요. 법률? 그건 마치 허수아비 같은 것입니다. 허수아비. 덜 굳은 바가지에다 되는대로 눈과 코를 그리고 수염만 크게 그린 허수아비. 누더기를 걸치고 팔을 쩍 벌리고 서 있는 허수아비. 참새들을 향해서는 그것이 제법 공갈이 되지요. 그러나 까마귀쯤만 돼도 벌써 무서워하지 않아요. 아니 무서워하기는커녕 그놈의 상투 끝에 턱 올라앉아서 썩은 흙을 쑤시던 더러운 주둥이를 쏙쏙 문질러도 별일 없거든요. 흥."

이범선의 소설『오발탄誤發彈』에 나오는 형(송철호)과 아우(송영호)의 대화 장면이다. 미쳐버린 어머니와 양공주가 되어 가족을 부양하는 누이동생, 만삭이지만 굶주리는 아내, 제대 후 직장을 잡지 못하고 방황하는 아우의 형으로서, 그리고 교통비도 벌지 못하는 계리사 사무실 서기로서 가장 노릇도 제대로 하지 못하는 송철호가 아무리 극한 상황에 처한다 할지라도 양심은 끝까지 지켜야 한다고 주장하자 그의 아우인 송영호는 양심이라는 가시는 빼어버리면 아프지 않다고 하면서 법은 허수아비라고, 참새들이나 두려워하지 까마귀만 되어도 두려워하지 않는다는 지론을 펴고 있다.

이 소설은 결국 끝까지 양심만은 지켜야 한다고 주장한 송철호의 아내는 해산하다 죽게 되고 아우인 송영호는 은행을 털다가 경찰서에 갇히게 되며, 누이동생이 준 아내의 해산비 남은 돈으로 썩은 이를 빼고는 피를 흘리면서 택시를 탔으나 아내가 죽어 있는 병원으로 가야 할지, 아우가 갇혀있는 경찰서로 가야 할지 갈 곳을 모르는 채 택시 운전수의 "어쩌다 오발탄 같은 손님이 걸렸어. 자기 갈 곳도 모르게"라는 말을 듣게 되는 것으로 결말을 맺고 있다.

이 소설은 6·25 후 해방촌에 사는 한 피난민 가족의 이야기로 되어 있지만, 이는 우리 사회의 축도縮圖라 할 수 있다.

참새들은 법을 무서워하지만, 까마귀들은 그 법을 무서워하지 않는다는 이야기다. 참새들에게는 법이 공갈이 되지만 까마귀들에게는 허수아비에 불과하다는 것이다. "아니 무서워하기는커녕 그놈의 상투 끝에 턱 올라앉아서 썩은 흙을 쑤시던 더러운 주둥이를 쓱쓱 문질러도 별일 없거든요. 흥" 하고 코웃음을 치는 영호에서 요즈음 사회 전체가 들썩대는 고관집 절도 문제를 떠올리지 않을 수 없게 된다.

돈 없고 힘없는 사람들의 냉소주의는 문제 중의 문제가 아닐 수 없다. 어떻게 해서 도둑이 찍은 곳마다 거액의 현금이 나오는 것일까. 은행이 그렇게도 많은데 왜 현금으로 거액을 집안에 쌓아두는 것일까.

국민의 심부름을 하는 대신에 국민의 세금을 먹는 고위 공직자가 무엇이 얼마나 모자라서 상식 밖의 거액을 김치냉장고 등에 숨긴단 말인가. 그들은 그러한 사실이 드러났는데에도 어찌하여 반성이나 사과 한마디도 없이 후안무치厚顔無恥할 수가 있는가.

이러한 현상은 그저 '좋은 게 좋다'고 하는 우리 사회의 풍조에도 문제가 있는 것으로 보인다. 가까운 사람이면 적당히 눈감아 주는 풍조, 그것으로 우리는 엄청난 재난을 당하고 있는 것이 아닌가.

고위 공직자의 말보다는 도둑의 말을 더 믿고 싶어 하는 것일까. 이러한 국민 정서는 우리 사회에 만연된 불신풍조 때문이 아니겠는가. 까마귀가 허수아비를 무서워하지 않는 것처럼, 돈 있고 힘 있는 사람들이 무서워하지 않는 사법 당국을 신뢰하거나 무서워하지 않는 것이 아닌가.

진위 여부도 아리송한 상습절도범의 폭로가 정치권 전체를 뒤흔드는 현실의 함축된 의미는 공직사회의 부패상과 그들에 대한 시민의 불신과 냉소라 할 수 있다.

도로변에서, 관공서의 민원창구에서, 건축 현장에서, 선거판에서, 밀실에서, 일상적인 삶 속에서 수시로 부패한 공직자와 마주치는 사회에서 신뢰가 구축될 리 없다.

까마귀가 허수아비를 두려워하지 않듯이, 부정을 저지르는 검은 손들은 법을 무서워하지 않는다. 그만큼 검찰은 이미 부패 방지의 마지막 보루로서의 기능을 상실하고 있다. 검찰이 스스로 공정성과 독립성에 먹칠을 한 의정부와 대전 지역 법조비리 사건을 거울삼아서 **뼈**를 깎는 각고刻苦로 심기일전心機一轉하여 거듭나야 할 것이다.

약손

할머니의 손은 약손이었다. 할머니의 손은 아프지 않았다. 나에게 종기라도 나는 경우, 할머니가 할머니의 손은 약손이라고 하시면서 치료를 하여 주셨는데, 우선 안심이 되었고 어찌된 영문인지 씻은 듯이 잘 낫기도 하였다.

할머니의 손이 어째서 약손일까. 지금에 와서 곰곰이 생각해 보면 그럴만한 이유가 있는 것 같기도 하였다.

할머니는 우선 종기가 난 부분을 주의 깊게 살펴보시면서 살살 어루만져 보신다. 종기 부위가 붉은색이 떠돌고 팽팽하면 아직은 곪는 중이니 짤 때가 되지 않았다고 하시면서 참고 기다리라고 하셨다.

젊은 놈은 성질이 급하기 때문에 가만히 있지를 못한다. 종기가 난 부위가 근질근질하여 자기도 모르는 사이에 손이 가기 마련이다.

할머니는 손독이 오른다고 하시면서 손을 대지 못하게 하신다. 할머니는 종기 부위에 침을 발라 주시면서 좀 더 참고 기다리라고 하셨다.

할머니의 약손은 현명한 손이다. 성급한 손이 아니다. 약손은 때와 관계가 깊은 것 같다. 종기가 곪았을 때 수월하게 짜는 손이 약손이다. 종기가 다 곪기도 전에 짜는 손은 독이 있는 손이다. 손독이 오르기 때문이다. 종기가 곪기 전에 짜게 되면 그 부위가 땡땡하게 부풀어 오를 뿐 고름이 나오지 않는다.

이러한 경우를 가리켜 성을 낸다고 한다. 성을 낸 부위를 함부로 짠다거나 마구 덤비면 종기는 더욱 크게 성을 내고 아프기만 한다.

약손은 아프지 않는 손이다. 종기를 성급하게 짜지 않으니 아프지 않다. 약손은 짜버리고 싶은 유혹을 스스로 누르면서 기다릴 줄 아는 손이다. 약손을 지닌 사람은 종기를 짜지 않고 기다려야 할 때 잘 참고 기다릴 줄 아는 사람이다. 그리고 종기를 짜야 할 때는 제때에 짤 줄도 아는 사람이다. 마구잡이로 함부로 짜지 않는다. 그저 힘껏 눌러 짜기만 한다고 되는 게 아니다.

약손은 종기를 짜는 데에도 슬기롭게 잘 짤 줄 안다. 우선 종기가 말랑말랑하게 곪겼는가를 확인한 다음 요리 조리 비틀어 보면서 지그시 누르면 고름이 몽땅 빠져나오게 된다.

나는 지금 종기가 나지도 않았는데 왜 하필이면 까맣게 잊고 살았던 할머니의 약손이 생각나는 것일까. 아무래도 아프기 때문이 아닌가 한다.

요새는 머리가 지끈거린다. 신문을 보나 텔레비전을 보나 골치 아픈 얘기들뿐이다. 참고 기다리기보다는 성급하게 짜려고만 덤빈다. 제대로 곪지도 않은 부위를 짜버리겠다고 덤비는 소리와 함께 아프다고 자지러지는 비명이 들린다.

또는 이와 반대의 경우도 얼마든지 있다. 이미 곪아 터진 지가 오래 되었는데 도무지 짤 생각도 하지 않는 경우이다. 마땅히 짜야 할 때 짜지 않고 두면 돌 곪게 된다. 돌 곪는다는 말은 이미 곪은 종기가 다시 곪아서 번진다는 얘기다. 이렇게 되면 문제는 더욱 심각해지게 된다.

이 사회 여기저기에서 손독이 올라 성을 낸 부위가 땡땡하게 맞서는 게 보인다. 할머니의 약손처럼 아프지 않게 살살 달래가며 기다리는 법이 없다. 정도와 도리를 좇아 때를 맞추며 어루만지는 법이 없다. 그저 성급하게 누르고 쥐어짜게 되면 아프다고 아우성을 치면서 발끈 성을 내는 것을 보게 된다.

성을 내게 한 사람은 성을 낸다고 성을 내고, 성을 낸 사람은 성을 내게 한다고 성을 내는 까닭에 치유되기는커녕 오히려 악화되는 것을 보게 된다.

군에 입대하게 되면 훈련소에서 여러 가지 훈련을 받게 된다. 여러 훈련 중에서도 가장 중요한 훈련은 사격훈련이라 할 수 있다. 사격 실습을 하기 전에 먼저 조준구정열이라는 것을 배우게 된다.

목표물 중앙에 마음으로 수직과 수평으로 긋고 그 목표물 중앙 하단에 가늠쇠 상단을 가볍게 올려놓은 것을 말한다. 즉 목표물 중앙 하단에 가늠쇠 상단을 가볍게 올려놓는 것을 말하는데, 이게 이루어지게 되면 방아쇠를 당겨야 한다.

훈련소에서 조교가 하던 말이 떠오른다. 방아쇠를 당길

때에는 처녀의 젖가슴을 만지듯이 부드럽게 살살 잡아당겨야 한다는 것이었다. 그래야만이 총구가 움직이지 않아서 명중을 시킬 수 있다는 것이었다.

왜 이러한 생각이 떠오르는 것일까. 아무래도 정이 많고 참을성이 많은 할머니의 약손이 그립기 때문이리라. 성급하게 방아쇠를 마구 당기기만 하면 명중시키지 못하듯이, 오늘날 참을성이 없는 사람들은 헛방만 쏘는 것만 같아서 한심한 생각이 들 때가 있다.

종기가 났을 때에는 종기가 왜 생겼을까 하는 그 원인을 규명함이 없이 외부의 증상에 따라 메스를 가하려는 데에 문제가 있다 하겠다. 환자가 아우성을 치거나 말거나 메스를 가하는 태도는 위험하다.

부드러움이 강함을 이긴다고 하는 너무도 평범한 상식적인 진리를 다시 생각하지 않으면 안 될 것이다.

세상에……, 이 사회를 이끌어 간다는 선량들의 손이 어찌 시골 할머니의 약손보다도 못한대서야 말이 되겠는가.

돈의 신

　　　　　　　　싸움꾸러기 머리통 터지듯이 마구 터지고 피를 질질 흘리는 우리네 은행의 꼬락서니를 신문에서 보다가 문득 돈이라는 게 도대체 무엇인가 하고 생각해 보았다.

　일본 나고야역에서 가사데라[笠侍]로 가는 막차를 타려고 허둥대던 때가 생각난다.

　어느 날 나는 자동판매기에 동전을 넣고 단추를 눌렀으나 차표가 나오지 않아서 애를 먹은 일이 있다. 무표정하게 서 있는 그 괴물을 연신 두드려대면서 차표가 나와 주기를 기다렸으나 차표는커녕 들어간 동전마저도 나와 주지 않았다.

 나도 고집이 여간 아닌지라 그냥 물러서기도 싫고 해서 아주 뿌리를 뽑으려 했지만 그게 그렇게 마음대로 되어주지 않았다. 속이 상한 김에 그 병신 머저리 같은 자동판매기를 연신 쥐어박고 있자니까 한 역원이 그곳을 지나치다가 힐끗 돌아보기에 표가 나오지 않으니 어찌된 일이냐고 물어보았다.

 정말 파리 채어먹고 모른 체 하는 두꺼비처럼 멍청하게 서 있는 그 괴물이 그렇게 얄미울 수가 없었다. 내가 그 쇠붙이를 연신 두드려대는 동안에도 시간이 자꾸만 가고 있다는 게 안타까운 일이었다.

 나의 질문을 받은 그 역원은 자동판매기가 고장이라고 하면서 모퉁이로 돌아가면 표를 팔고 있으니 거기 가서 표를 끊으라고 일러주었다. 나는 그제서야 멍청한 괴물에 투자한 동전을 단념한 채 모퉁이로 뛰어갔고, 차표를 손에 쥐기가 무섭게 플랫폼으로 달렸으나 열차는 벌써 떠나가고 있었다.

 그날 밤 나는 막차를 놓치고 돌아 나오면서, 싹수가 노란 것, 되지 않을 일은 일찌감치 단념하고 새길을 찾는 게 현명하다는 생각을 했는데, 이런 생각은 세상을 살아오는 동안에 문득문득 떠오르는 것이었다.

가까운 예로서 나의 동창 중에는 대조적인 성격의 친구가 있다. 윤이라는 친구는 국문과를 나오고 철이라는 친구는 법학과를 나왔는데, 이 두 사람은 물려받은 산을 개간하여 과수원을 만들고 소와 양을 사육하는 등 제법 그럴듯하게 농사를 지었었다.

그런데 철이라는 친구는 농사일을 단념하고 상경하여 부동산과 건축업에 손을 대더니 수십억의 재산을 쥐게 되면서부터 무슨 건설회사 대표가 되어 있는데 비하여 윤이라는 친구는 여전히 농사만 짓다가 빚더미에 짓눌리게 되었다.

철이 돈을 벌었다는 소식을 듣고 아쉬운 소리 하러 상경한 윤은 죄 없는 맥주를 들이키면서 요새는 순전히 고집으로 농사를 짓는다는 것이었다.

그 친구 말마따나 고집으로 하는 일은 비단 농사일뿐만이 아니다. 언젠가는 또 어느 출판사 사장을 만나 얘기 끝에 요새 좀 어떠냐고 하니까 서점이 문들을 닫는 판에 출판사가 제대로 되겠느냐는 것이었다.

"아아니, 책 광고는 자주 나오던데" 하고 의아해 하니까 그 친구도 역시 하는 말이

"이래도 안 되고 저래도 안 되니까 안 될 바에는 고집으로 광고를 내보낸다네."

하는 것이었다.

고집으로, 오기로 광고를 낸다……?

요즈음 재빠른 사람들은 서점이나 출판사를 때려치우고 전자오락실이나 술집 같은 것을 차린다고 한다. 문화사업이고 어쩌고 하다가 망하느니보다는 차라리 실속을 차리자는 것이다. 그러자니 자연히 고상한 인격으로 살아야 한다는 것은 속 편한 사람들의 잠꼬대처럼 들리게 되었다. 자본주의 사회, 특히 오늘날 같은 세태에서는 여호와의 하나님보다도 돈의 신이 더 위력이 있어 보인다. 그래서 그러는지 사람들은 돈의 신 앞에서 오금을 펴지 못하고 그저 쩔쩔매기 일쑤다.

오늘날 돈 버는 비결이 옛날과는 판이하게 다르다. 자기의 개성이건 인격이건 모두 헌신짝 버리듯 내팽개치고 오로지 싹수가 노라니 수틀리면 한시바삐 단념하고 다른 길을 가는 게 보통이다.

그 색다른 길이라는 게 실은 치사한 방법들이다. 받을 것은 악착같이 받고 줄 것은 뒤로 미룰 줄 아는 사람은 바로 이 치사한 비결을 터득한 사람이다. 그런 사람은 오늘날 같은 때에 돈 버는 재주를 타고난 사람이다.

과거의 예로서 가령 지나치려는 찬스를 잘 포착한다거나 신용을 잘 지켜야 한다는 것은 케케묵은 구식이 되고 말았다. 지금은 기회를 포착하기보다는 기회를 꾸며내야 하며, 신용을 지키는 것보다는 눈앞의 이권을 움켜쥐기 위해서 친구 배신하기를 식은 죽 먹듯 해낼 줄 알아야 하는 모양이다.

이쯤 얘기하다 보면 무언가 잘못되어 있다는 것을 알게 될 것이다. 그것은 주객이 전도된 데서 오는 가치관의 혼란이다. 인간이 주인이요 물질은 그 대상적 도구에 불과하지만, 물질의 부를 탐하다 보면 본연의 인간은 간 곳이 없고 그 껍질만 남은 셈이 된다.

나는 때때로 동창 중에서 윤과 철을 생각해 본다. 윤은 고집으로 농사를 짓고, 철은 눈치 빠르게 건축업으로 돌려서 돈을 벌었다. 빚더미 속에 눌려 사는 농부와 고대 광실 산해진미에 자가용을 굴리는 사장님 사이에는 엄청난 간격이

나 있다.

그런데 신의 섭리는 공평해서 그러는지 게오르규가 말한 것처럼, 나는 농부가 된 그 윤의 밀짚모자 그늘 아래 주름진 얼굴에서 지고지선의 하나님을 그려보곤 한다.

누가 나보고 하나님을 그리라고 한다면, 나는 빚더미에 눌려서 가난에 허덕이는 농부, 고집스러울 이만큼 정직하게 살아온 그 농부의 주름진 얼굴을 그리지 않을 수가 없을 것이다. 신의 섭리대로 푸른 하늘 산천초목을 배경으로 홍시처럼 익어가는 그 얼굴을…….

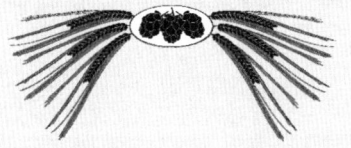

제4장
봄은 왔는데 산과 들은

별이 빛나는 밤에

 어제도 오늘도 별은 뜬다. 밤이 깊으면 깊을수록 별은 더욱 잘 보이듯이 세상이 어두우면 어두울수록 별처럼 높은 이상의 소유자는 잘 보이게 된다. 그러나 우리가 그 별의 아름다운 가치를 깨달았을 때 별은 이미 자취를 감추고 보이지 않듯이, 세상이 평정되면 높은 이상의 인물은 우리들의 곁을 떠나고 없다는 것을 깨닫게 된다. 그리하여 우리들은 언제나 우리들의 곁에서 멀리 떨어져 간 별들을 그리워하며 동경하게 된다.

 어둠 속에서도 보석처럼 영롱하게 빛나는 별을 바라보면서 동경과 향수 어린 눈을 깜박이게 되는 것은 그 별이 아득히 멀리 있기 때문이리라. 별처럼 높은 이상의 사람들이 지금도 우리들 곁에 있다면 그처럼 가슴 사무치게 동경하지는 않을 것이다.

별이 아스라이 멀리에서 바라보이듯이, 세상이 어두우면 어두울수록 더욱 그리워지는 사람들이 있다. 「별 헤는 밤」의 윤동주도 그립고, 「아시아의 여명」을 노래한 공초 선생도 보고 싶다. 그들은 별처럼 총명한 눈을 하고서 영구히 반짝이고 있기 때문이다. 이들뿐인가. 하늘에는, 그리고 땅에는 예수, 석가, 공자, 소크라테스, 슈바이처 같은 세계적인 별이 있는가 하면, 바다의 이순신, 신라의 김유신, 고구려의 을지문덕은 민족의 별이었다. 그뿐인가. 을사조약에 스스로 목을 찌른 민영환을 잊을 수 없고, 대마도에서 굶어 죽은 최익현도 잊어서는 안 되며, 이등박문을 쏘아죽인 안중근 의사도 잊어서는 안 된다.

이뿐인가. 일제하의 광주학생사건의 푸른 눈동자들, 6·25에 전사한 이들의 하얀 팻말들, 4·19에 희생된 학생들의 우렁찬 피의 절규 등 이루 다 헤아릴 길이 없이 많다. 샛별 같은 눈동자로 왔다가 샛별같이 사라져간 우리들의 역사적 별들이 얼마나 많은가. 우리들이 동경과 흠모의 눈으로 우러러보게 되는 별들은 이 세상이 어둡고 어지러울 때 왔다가 사라져간 소중한 목숨들이다.

나에게는 언제부턴가 그러한 별들을 문득문득 올려보는 버릇이 생겼다. 밤하늘에 별이 빛나는 밤이면 나는 모래알같이 많은 이야기를 만들면서 이삭처럼 사라져간 별들의 이름을 불러본다. 목이 시린 밤하늘을 우러러 보면서 그리운 이름들을 불러본다. 별이 아스라이 멀 듯이, 불리는 이름의 주인공들은 너무도 먼 나라에 가 있다. 나는 왜 저승에 가고 없는 역사의 별들을 불러보는 것일까. 그것은 그리움에서 일 게다. 그 그리움의 원인이 어디에 있는가. 다른 이유도 많겠지만 무엇보다도 우선 이 세상에는 살아있는 별들이 별로 눈에 띄지 않기 때문이다.

도시에서 바라보는 밤하늘의 별처럼, 내가 서 있는 사회 현실에서 바라보는 나의 눈에는 진정한 역사의 별이 보이지 않기 때문인지도 모른다. 거짓과 가짜의 폭력과 횡포가 난무하는 오탁의 시궁창에서 나는 떠나간 이름들을 불러본다. 세계적으로 알려진 이름이 아니어도 좋다. 차라리 내가 사는 이 시대에 나와 함께 숨 쉬다가 간 사람이면 더욱 좋다. 한국적 토양에서 살다 간 스타를 불러보는 것이 더 실감

되기 때문이리라.

언젠가……. 4·19학생 의거가 일어났을 때 많은 학생들이 총탄에 맞고 쓰러진 것을 보고 격분을 참지 못하고 방송을 통해 외치던 가인 김병로 선생의 목소리가 들려오는 것만 같다. 그때, "나는 김병로입니다! 김병로예요!……" 하고 목이 메인 소리로 연설을 시작하던 그 분의 목소리는 그렇게 낭랑할 수가 없었다. 가인 김병로 선생이 1957년 대법원장직을 그만둘 때의 다음과 같은 이임사에서 강조한 내용을 보면, 그 분이 얼마나 암담한 이 시대를 샛별같이 초롱초롱하게 살다 갔는지를 쉽게 알 수 있을 것이다.

"…… 그동안 내가 가장 가슴 아프게 생각하는 것은 전국 법원직원에게 지나치게 무리한 요구를 한 것입니다. 인권옹호를 위하여 사건처리의 신속을 강조하였던 것이 그렇고, 또 살아갈 수 없을 정도의 보수를 가지고도 그대로 살아가라고 한 결과가 된 것이 그러했습니다. 나는 전 사법종사자에게 굶어 죽는 것을 영광이라고 그랬습니다. 그것은 부정을 범하는 것보다 명예롭기 때문입니다."

그는 우리나라 초대 대법원장으로서 9년 3개월 동안 일하다가 물러나면서 법관들에게 청렴, 공정, 강직, 인내를 지나치게 강요한 것에 미안했던 심경을 이와 같이 피력하였다. 그는 1955년 이승만 대통령이 국회에 보낸 메시지들을 통해 사법부를 비난할 정도로 이 대통령과는 사이가 좋지 않았다. 그때 김 대법원장은, 법관은 독립하여 재판하는 것인 만큼 이는 대법원으로서도 간섭하거나 지시할 수 없는 것이라고 단호히 반박하였다. 평생을 청렴 강직하게 살면서 사법부의 독립을 확립하는데 사표를 보여주고 간 그 별을 나는 바라보기조차 부끄러워한다.

법관은 많아도 그처럼 빛나는 별이 보이지 않는 오늘의 사회 현실 속에서 나는 정말 부끄러워하지 않을 수가 없다. 이 어찌 법관에 한해서 뿐이랴. 어떠한 지위나 명예가 생기면 엄청난 재산을 치부하는 오늘의 죽은 대어大魚들, 흘러가는 역사의 흙탕물에 떠내려가는 대어들을 가리켜 후세 사람들은 질책할 것이다. 누군가 나서서 청청하게 살지 못한 인간 말종이라고 나무랄 것이다. 별이 빛나는 밤이면 나는 그리운 이름들을 부르며 그들의 반짝이는 이야기를 더듬어 간다.

어제도 오늘도 별은 뜬다. 그 별들은 흘러가는 물결에 떠내려가는 존재들이 아니라, 그 역리의 물결을 순리로 거슬

제4장 봄은 왔는데 산과 들은

러 올라간 인물들이었다. 날이 어두워질수록 별은 더욱 빛나듯이, 세상이 암담할수록 더욱 빛나는 그 숱한 이름들, 그 부르기에도 아까운 이름들을 나는 가슴으로 불러본다.

나를 채우게 하소서

가을은 기도의 계절이다. 가을은 김현승 시인의 시 「가을의 기도」처럼, 사람의 마음을 순수하게 하고 겸허하게 한다. 공해가 없는 시골 하늘은 그렇게 투명할 수가 없듯이, 속진俗塵에 찌들지 않으려고 기도하는 마음은 그렇게 순수할 수가 없다.

김현승 시인은 이 시에서 "낙엽들이 지는 때를 기다려 내게 주신 겸허한 모국어로 나를 채우게 하소서"라 하였다. 모국어로 채우게 하여 달라는 이 감동적인 말을 들은 지 오래다.

오늘날 우리의 모국어가 어디에 어떻게 제대로 있는가.

고스란히 푸지게 있는가, 찢긴 채 헐벗고 있는가. 자기의 나라 말을 업신여기는 풍토 속에서 모국어라니, 당연한 말이 생경하게 들리는 까닭이 어디에 있는가. 우리들은 지금 국가지도이념이 있는지 없는지, 있다면 어떻게 있으며, 없다면 왜 없는지 알 수 없는 안개 속에 있다.

김현승 크리스찬 시인은 "가을에는 사랑하게 하소서" 또는 "가장 아름다운 열매를 위하여 이 비옥한 시간을 가꾸게 하소서" 하고 영혼까지 울리는 기도시를 읊었다.

눈을 들면 에메랄드 얕게 흐르는 듯한 실비단 하늘이요, 손차양하고 굽어보면 바야흐로 벼 향기 무르녹은 결실의 황금 들판이다. 지붕 위에서는 탐스러운 호박이 뒹굴고, 정원의 반공중에서는 탐스럽게 여문 조롱박이 가을 정취를 물씬 느끼게 한다. 그뿐인가. 산그늘 내리는 밭귀퉁이에서 할머니들은 참깨를 털고, 동네 어귀에서 어머니들은 빨갛게 익은 고추를 말리는 계절이다.

절대자 하나님이 자연을 통하여 풍요를 가져다주는 이 은혜에 감사하지 않을 수 없고, 그 경이로움에 놀라지 않을 수 없다. 여기서부터 신앙은 출발한다.

가을은 남을 탓하기보다는 스스로를 돌아보게 하는 자

성의 계절이다. 시들어가는 풀밭에 팔베개를 베고 누워서 끝도 없이 파랗게 갠 하늘을 우러러보라. 그대의 눈에서는 까닭 모를 더운 눈물이 주르르 흐르리라. 이는 비옥한 시간을 만났을 때의 겸허요 경건이다. 비로소 사람의 사람다운 본질을 찾았을 때의 은혜스러운 눈물이 아니고 무엇이겠는가.

우리들이 그동안 정신없이 달려오는 동안에 마음은 정밀을 잃은 채 출렁거렸고 메말라졌다. 너도나도 세계화 세계화하는 동안에, 돈돈돈 하는 동안에 스스로 마음 밭을 가꾸는 기회를 놓쳤다. 황폐해진 마음밭을 살려내기 위해서는 기도로 심정을 깊이 갈이해야 한다.

나는 누구인가. 무엇을 위해 살았는가. 양심의 나침반이 가리키는 대로 살았는가. 그리고 말할 수 있어야 한다. 유태인들이 유월절에 무교병을 먹듯이 나도 쓴나물에 개떡을 먹는다고.

저 병자호란과 임진왜란, 3·1운동과 8·15, 그리고 6·25와 4·19를 생각하면서 쓴나물에 보리개떡을 먹어야 한다. 그 보리개떡이 껄끄러워 넘기기 힘들면 힘들수록 조상들의 심정을 체휼하게 될 것이다.

세상이 미쳤다고들 한다. 성적인 타락상은 소돔과 고모 타성을 방불케 한다. 지금 이 나라는 하나님이 의인을 부르는 소리를 듣지 못한 채 먹고 마시고 속이고 속고 이혼하고 흥청망청 위태로운 곡예를 하고 있다. 이 나라 위정자 가운데 의인이 있다면 이렇게까지 미쳐 날뛰게 좌시하고만 있지는 않을 것이다. 광야에서 외치던 모세처럼 분노할 줄 아는 의인이 그립다.

그 많은 주간지들이 엄청난 물량으로 청소년들을 타락의 구렁으로 빠뜨리는 데에도 어느 누구 하나 청산하려 나서는 이가 없다. 이는 이 나라에 진정한 주인이 없다는 얘기가 된다.

가을밤, 자정이 넘은 연구실에서도 귀뚜라미가 운다. 그 옛날 시골의 토방이나 풀숲에서 울던 귀뚜라미가 나의 연구실 책장 속에서도 운다. 귀뚜라미는 변화된 환경에도 잘 적응하는 참여의식을 지녔으면서도 그 소리는 예나 지금이나 다름없다. 참여의식이 강한 귀뚜라미도 순수성을 고스란히 지니고 있다는 얘기가 된다.

세상에, 사람이, 사람다운 본질을 찾아 나아가야 하는 사람이 귀뚜라미보다도 못하다고 해서야 어디 말이 되겠는가. 말이 안 되는 말을, 말이 되게 하기 위해서도 이 가을에는 겸허한 마음, 경건한 심정으로 조용히 기도할 일이다.

밥

"그래도 밥을 먹어야지!"

"밥? 밥이 어디 취해야지요!"

이 짧은 대화는 한승원의 소설 『두족류頭足類(낙지같은 여자)』에 나오는 글이다. 남자는 밥을 먹어야 한다고 하지만, 여자는 밥이 취하지 않기 때문에 취하는 술을 먹을 수밖에 없다는 지론이다.

'밥'이란 누구나 언제나 먹고 살기 때문에 특별한 관심을 받는 사물이 아니다. 햇빛이나 공기가 특별한 관심의 대상이 아니듯이 밥도 그저 그렇다.

그런데 가령, **빠삐용**이 햇빛이 차단된 지하 감방에서 늙어가던 어느 날 간수가 그의 생사를 확인하기 위하여 감방 지붕의 뚜껑을 열었을 때 감방 안으로 한 줄기 찬란하게 내리꽂히는 햇빛을 보고 희망을 잃지 않는 것처럼, 밥에 굶주린 사람에게는 그게 그렇게 관심의 대상이 아닐 수 없다.

우리가 평소에는 공기의 고마움을 모른 채 살다가도 공기가 희박한 히말라야 상봉에서 숨이 가쁘거나 병실에서 산소 호흡기에 의지하지 않고는 살 수 없을 때는 공기가 그렇게 고마울 수 없는 것처럼, '아내'란 그저 무덤덤한 밥 같은 존재여서 소중한 줄 모르고 살다가도 막상 눈앞에 없게 되면 햇빛 없는 먹방에 있거나 공기 없는 산봉에서 허덕이는 신세처럼 되고 만다.

나의 아내는 부득이한 사정으로 3주(21일) 동안 외지에 있게 되었다. 나는 이번 여름 방학에는 중요한 논문을 쓰지 않으면 안 되는 절박한 처지에 있게 되어 밤이나 낮이나 할 것 없이 논문에 매달리게 되었다. 처음 하루 이틀은 손수 밥을 해서 아내가 냉장고에 준비해 둔 반찬으로 잘 때워나갔는데, 사흘이 지나고 나흘이 되면서부터는 심사가 꼬이고 흩어지기 시작했다.

아들아이와 딸아이는 아침 일찍 직장으로 나가고 나면

나는 식사도 거른 채 논문에 매달리게 되는데, 배가 고파지면 미숫가루를 타 먹는다거나 냉장고에 빵 부스러기라도 보이면 그것으로 때우곤 했는데, 그 짓도 한두 번이지 할 짓이 아니었다.

아이들은 아침 식사를 회사 근처에서 토스트로 때운다고 했다. 그래도 나는 그런 방식에 익숙하지 못해서 굶는 때가 먹는 때보다 점점 많아지게 되었다. 처음에는 제법 행세하던 미숫가루도 물리게 되고 모든 게 귀찮아지게 되었다.

딸아이가 보기에 딱했던지 밥을 해준다는 게 너무 많이 해서 일주일도 더 먹을 분량을 해 놓았다. 아이들이 저녁까지 먹고 들어오는 날이 많아서 그것을 나 혼자 처리해야 했다. 쌀을 너무 많이 했기 때문에 꼬두밥(된밥)이어서 물을 붓고 다시 익힐 수밖에 없었는데, 이번에는 죽도 아니고 밥도 아닌 그야말로 힘이 없이 질척한 풀데죽을 해결하려니 정말 난감했다.

그것을 날마다 혼자서 먹으려니 물리지 않을 수가 없었다. 밥을 냉장고에 너무 오래 두어도 좋지 않기 때문에 고민하던 끝에 누른밥으로 만들어 먹어야겠다는 생각에 밥을 솥에 깔고 열을 가했지만, 질척한 죽밥이라서 그게 뜻대로 그렇게 제대로 되어지질 않았다. 그렇게라도 해서 냉장고에 두고 가끔씩 이용하고자 해서였다.

그런데 그 누룽지를 만들어 놓았지만 그것을 챙겨 먹지도 못한 채 그럭저럭 시일이 흘러 아내가 돌아왔다. 그녀는 나의 정성도 아랑곳없이 그 누룽지를 쓰레기통에 버렸다고 했다. 버린 것은 그뿐 아니라 내가 미처 챙겨 먹지 못한 반찬들까지 쓰레기통에 버리는 것이었다. 날짜가 너무 지나서 건강에 해롭다는 것이었다.

아내가 귀가할 무렵, 나는 지쳐 있었다. 아니, 어쩌면 시름시름 앓고 있었다고 하는 편이 적합한 표현일 것이다. 그저 맥을 추스를 수가 없었다. 논문을 쓰려고 컴퓨터 앞에 앉으면 얼마 못 가서 꾸벅꾸벅 졸기 일쑤였다. 먹은 게 소화가 되지도 않고 해서 가스활명수를 여러 병 사다놓고 먹지만 별로 시원치가 않았다.

나는 아내가 귀가한 지 여러 날이 경과한 후에야 겨우 기력을 회복할 수가 있었다. 나는 아내가 해 준 밥을 먹다가 문득, 아내는 밥과도 같은 존재라는 생각이 들었다. 그래, 아내는 밥과 같은 존재다. 날마다 먹는 밥은 특별한 맛은 없지만, 그것 없이는 죽는 것처럼, 아내 없이는 못 살 것만 같은 경험은 평범한 진리를 일깨워주었다.

아내는 맛있게 양념한 불고기 같은 존재가 아니다. 아무리 갖은 양념을 한 한우 불고기라 할지라도 일 년 열두 달, 삼백예순 닷새 내내 불고기만 먹고 살 수 없는 것처럼, 쌉박한 맛은 오래 갈 수가 없다. 금세 물리기 때문이다.

"그래도 밥을 먹어야지!"

"밥? 밥이 어디 취해야지요?"

이러한 대화는 정상적인 부부관계의 대화가 아니다. 눈물의 씨앗이 되는 그런 애욕에서 내뱉는 말이다. 사랑하는 남자의 아이를 낳고도 함께 살지 못하다가 그 아이마저 잃게 된 여인이 그 남자에게 내뱉는 말이다.

밥은 평범한 부부의 사랑을 비범하게 증명한다. 그것은 평범한 듯 슬기롭게 사는 부부의 삶에 대한 진리를 슬기롭게 내비친다. 평범한 밥에 비범한 저리지 한 가닥을 척 걸쳐서 밥맛 나게 넘기는 생활은 평범 위의 비범함이요, 비범 위의 비범함이다. 평범한 잔재미가 비범한 큰 재미를 뛰어넘어서 비범 위의 평범함이 되듯이, 아내가 해준 밥은 평범한 진리의 비범함이다.

봄은 왔는데 산과 들은

　　　　　　이상화의 시 「빼앗긴 들에도 봄은 오는가」를 영어 불어 독어 등 여러 외국어로 번역한 것을 다시 한국어로 번역해 보면 "봄은 왔는데 들은 빼앗겼도다"가 되어버리는 경우가 있다고 한다. 글의 서두부터 이렇게 방정맞은 생각이 떠오른 것은 아무래도 세월이 어수선하기 때문이 아닌가 한다.

　봄은 왔는데…… 그다음이 문제다. 봄이 오기는 왔지마는 봄이 오는 것과 무관한 세태이기 때문이다. 가령 봄이 와서 가벼운 차림으로 등산을 하게 되면, 산은 마치 싸움꾸러기 머릿박 벗겨지듯 벗겨져가는 것을 보게 된다. 뽕잎이 누에에게 갉아먹히 듯이 갉아먹힌 산들이 흉물스럽기 그지없다.

지방자치제가 시행되고 있는 요즈음은 더욱 그러하다. 무슨 부는 구실을 붙여서 파헤치고 주리틀어서 그 황폐화는 말이 아니다. 텔레비전에서 방영하고 신문이 고발해도 위정자는 눈감은 채 귀를 막고 있다. 특히 올해는 선거가 있는 해라서 타성에 길들여진 선심성 행정이 더욱 염려스럽기도 하다.

그린벨트를 야금야금 먹어 들어가는 현실이 한심하기 그지없다. 그린벨트로 피해를 입은 주민에게는 다른 혜택으로 불이익이 없도록 하면서 국가의 백년대계를 지켜야 할 텐데 미래를 내어다보지 못하는 졸속행정 졸속정치가 계속되는 게 문제다.

일본에서 만국박람회가 열렸을 때의 일이다. 마이니치 신문사에서는 일본인들이 출품한 전시품들을 오사카 성 안에 묻어놓고 거기에 3천년 후에 뚜껑을 열어보라는 글을 새겨놓았다. 그러니 오늘을 사는 일본인들은 3천 년 후의 그들 후손들을 생각하면서 살고 있는 것이다.

3천 년 뒤의 후손들을 생각하고, 3천 년 전의 조상들의 물품을 확인할 수 있게 배려하며 살아가는 일본인들을 우리는 언제까지나 감정으로만 대할 수는 없는 일이다. 3천 년 후는 그만두고 백 년 후나 10년 후도 내다보지 못하는 듯한 졸속 행정 졸속 정치는 생각만 해도 암담하기 그지없다.

단적으로 말해서 이러한 총체적 위기는 국가의 지도이념의 부재에서 기인된다. 과연 이 나라에 지도이념이 있는가. 우리는 나의 것, 우리의 것으로 세계화하고 있는가. 아니면 우리의 것으로 세계화하려고 노력하고 있는가.

이 강산 낙화유수 계절의 변화에 따라 봄은 왔으나 산에 들에 괴물이 들어서듯 이념 부재, 윤리 부재로 신음하는 우리 사회는 총체적 위기를 맞고 있다. 마지막 양심마저 빼어던진 정치의 위기는 봄을 느끼지 못하게 한다.

이 춘삼월 호시절에도 정치인들은 권력 잡기에 바쁘고, 노사는 자기 몫 챙기기에 여념이 없다. 근로자들의 파업은 그칠 줄 모르고, 기업은 해외로 빠져나가기에 바쁘다.

대통령 아들의 한보 관련설은 오리무중이고, 3월의 대학가는 잔뜩 벼르고 있어서 앞날을 예측하기 어려운 상황에 처해 있다. 이러한 꼴을 보기에 식상한 국민들은 냉소주의에 빠져 있다.

한보 사태의 배후에 대통령의 차남이 있었느니 없었느니 하는 것은 지금이 아니라도 밝힐 수 있지만, 나라는 한번 거꾸러지면 회생하기 어렵다는 걱정을 하게 될 때 "봄은 왔는데 산은 들은……" 한숨이 절로 나온다.

이 봄에, 대한민국 국민이라면 싸움꾸러기 머릿박 벗겨지듯 벗겨져 나가고 있는 산으로 들로 나들이하기보다는 우선 나라 살릴 궁리부터 해야 할 일이다.

미꾸라지 춤

소나기 오는 날엔 문득 미꾸라지 춤이 생각날 때가 있다. 미꾸라지 춤, 그러니까 소나기 쏟아지는 속에서 꿈틀거리는 그 율동적이고도 색정적인 미꾸라지 춤이란 순전히 내가 지어낸 이름이다. 이 세상에는 춤의 종류도 많고 이름도 많지만, 미꾸라지 춤이라는 이름을 들어본 이는 별로 없을 것이다. 이러한 춤얘기를 하려면 아무래도 저 지난해로 거슬러 올라가야 할 것이다.

나는 어느 목사의 부탁을 받고 학생들의 여름성경학교에서 시론을 강의한 일이 있었다. 장소는 인천에서 배로 가게 되는 영종도 어느 호젓한 해변이었다. 내가 시를 얘기하던 초저녁부터 부슬부슬 뿌리기 시작하던 비가 어두워지면서부터는 본격적으로 퍼부어대고 있었다. 내가 강의를 담당한 학생들 말고도 그 해변에는 여러 그룹의 학생들이 무리져 왔었다.

제각기 텐트를 친 사람들도 있었지만, 대부분의 젊은이들은 제법 그럴듯한 건물에 자리들을 잡고 있었다. 그럴듯한 건물로 표현되는 그 집은, 어느 관광회사에서 관광객 유치를 목적으로 집을 짓는 도중에 해일이 일어서 공사를 포기한 데서 남아진 무용한 건물들이었다. 거기에서 나는 그들 학생이 지어준 저녁을 먹었다. 그리고 얼마나 시간이 흘렀을까. 여기저기서 야외전축이 돌아가는지 빠른 템포의 유행가가 나오고 남녀 학생들이 모닥불을 질러놓고 춤들을 추는 것이었다.

소나기 한 줄금이 따라지다가 조금 기세가 줄어들면 환호성을 지르면서 음악을 틀어놓고 노래하면서 춤들을 추는 것이었다. 나는 별천지에라도 온 기분이 되어 그들이 발산하는 젊음의 탄성과 괴성을 듣고 있었다. 그러다가 밤은 깊어지고 소나기는 기세를 돋우는 바람에 모닥불은 꺼지게 되고, 학생들은 비를 피하여 하나 둘 건물 안으로 돌아오게 되었다.

그런데, 이때 건너편에서는 이상야릇한 광경이 벌어지고 있었다. 소나기는 기세를 돋우어 내리퍼붓는데, 어디서 구해왔는지 모닥불에 끼얹은 기름이 소나기가 무색할 정도로 불꽃이 되어 훨훨 타오르고 있었고, 그 주위에서는 벌거벗은 남녀의 몸둥아리들이 소위 미꾸라지 춤으로 광란하고 있었다.

실로 귀신도 곡할 노릇이었다. 바닷가 갯벌이 질펀한 해변에서 춤추는 알몸들을 바라보는 것은 나 한 사람만이 아니고, 나와 함께 있던 학생들도 경이의 눈으로 바라보는 것이었다. 소나기는 연신 퍼부어 내리는데, 불길은 치솟고, 음악과 함께 날뛰는 광란의 알몸들을 바라보던 나는 몇 번이고 미꾸라지를 연상하곤 했다. 그것은 소금 먹은 미꾸라지였다. 온갖 오물을 다 게워 내어 놓은 미꾸라지였다.

추어탕으로 들어가기 전에 소금을 뿌렸을 때 팔딱팔딱 모로 꼬고 뒤틀며 광란하는 미꾸라지들의 바로 그 몸짓들이었다. 도시의 기름때와 차 소리와 생존경쟁과 과외열풍과 비리의 수단에 얼마나 찌들리고 주눅이 들었으면 저렇게도 미친놈들이 되어 해방감에 미쳐 날뛴단 말인가. 옷을 걸치지 않은 알몸둥이들이 부끄러운 줄도 모르고 천진난만하게 미쳐 날뛰는 것일까.

태초에 아담과 이브는 벌거벗고도 부끄러운 줄을 몰랐었지. 벌거벗은 것에 대하여 부끄러움을 느낀 것은 이브와 아담이 차례로 선악과를 따먹었을 때부터라고 성경은 말하고 있다. 그때부터 부끄러움을 느끼고 무화과 나뭇잎으로 하체를 가린 것으로 기록되어 있다. 그 당시엔 뱀이 등장했지. 뱀이 따먹으라고 한 선악과를 따먹고 죄를 지었지. 선악과를 따먹으면 눈이 밝아지리라고 인간 조상을 꼬인 뱀의 정체는 무엇인가. 그 당시의 뱀도 춤을 추었겠지. 그 뱀춤이 오늘날의 미꾸라지 춤으로 윤리적인 퇴보를 가져온 것을 발전이라고 할 수 있을까. 그러나 사람들은 흔히 춤의 발전이라고 말하고 있다.

춤이라고 하는 것은 원래 하나님이 그 자녀(인간)들과 함께 추어야 할 것이다. 하나님의 뜻이 이 땅에 이루어질 때 그 기쁨을 춤으로 표현해야 하는 것이다. 그러나 춤은 아직까지도 하나님이나 그 자녀들이 추지 못한 채 아담과 이브를 꼬인 뱀이 추고 있는 실정이다. 신선들이 마셔야 할 술도 카인의 것이지 아벨의 것이 아니다. 나는 깡패들이 여자를 꼬여내기 위해서 춤을 춘다는 말은 들었어도 예수나 공자나 석가 같은 성현들이 희열에 넘쳐서 춤을 추었다는 얘기를 들어보지 못했다.

아직까지도 이 세상의 춤은 뱀의 것이다. 회갑연회에서 춤추는 기생들의 춤은 뱀 춤이다. 기생들은 뱀처럼 온몸을 꼬면서 춤을 춘다. 술잔이 놓여진 접시를 입에 물고는 뱀처럼 춤을 추다가는 주인공에게 바치어 올린다.

이와 같은 뱀 춤의 유래와 현실을 생각해 보는 나로서는 저윽히 걱정스러운 눈으로 미꾸라지 춤을 바라보지 않을 수가 없었다. 그러한 몸짓들은 장차 수많은 뱀 춤으로 나타날 수 있는 요소를 지니고 있기 때문이다.

그러한 까닭에 나는 소나기 오는 날이면 용 못된 이무기를 걱정하게 된다. 꿈틀거리는 것은 살아있다는 증거도 되지만 죽어간다는 얘기도 되기 때문이다. 지금도 내 감관의 창밖에서는 철없이 소나기가 내리고 있다. 가슴 속의 질편한 해변에서는 광란하는 알몸둥이에 노한 파도가 둑을 넘어들고 있다.

부질없이 불태우는 젊은 알몸들의 환각을 물어 삼킬 듯이 해일이 일고 있다. 어쩌면 그것은 더럽혀진 미꾸라지에게 던지는 한 움큼의 소금인지도 모른다. 내 관념의 부스러기 가운데 살아남아 있는 양심의 그것은 어디까지나 식염食鹽이 아니라 성염聖鹽일 것이다.

여자를 찾습니다

　여자를 찾습니다. 마음씨 고운 여자를 찾습니다. 약간 눈물이 많으면서도, 조금은 이지적이며, 자기의 신념이 뚜렷하면서도 전체적인 합목적을 위해서는 서슴없이 양보할 줄 아는 여자, 그런 여자를 찾습니다.
　그녀의 미간은 속 시원하게 넓어서 속이 훤히 트이고, 눈은 맑아서 상대방의 마음속까지 투시할 뿐 아니라, 누구든지 그녀 앞에서는 거짓말을 할 수 없는 여자, 그런 여자를 찾습니다. 일상적 가정사는 현미경적 미시안으로 보되 역사나 사회는 망원경적 거시안으로 통찰할 줄 아는 그런 여자를 찾습니다.

옷은 너무 화려하지 않게 입으면서도 품위를 잃는 법이 없고, 화장은 아름답게 하면서도 하는 둥 마는 둥 별로 하는 것 같지 않게, 그저 금방 머리만 간단히 매만지고 옷매무새만 고치고 나온 듯한 느낌이 들 정도의 그런 수수한 여자를 찾습니다.

장미꽃같이 화려한 여자보다는 해질녘 초가지붕에 피어 있을 그 새하얀 박꽃같이 청순하고도 조용한 여자를 찾습니다. 교양 있고 품위 있는 여자는 아는 게 많아도 먼저 나서는 법이 없습니다. 남 앞에 나서기를 좋아하는 여자가 아니라 뒤에서 조용히 일을 처리하면서도 이 세상에서나 가정에서, 또는 나에게 한 시도 없어서는 안 될, 그런 여자를 찾습니다.

언제나 말을 아껴서 조금씩 하는 그녀의 말은 지성적이면서도 감동적이므로 많은 사람들로 하여금 기꺼이 움직이게 합니다. 말이 없어도 답답하지 않고, 언제나 함께 있어도 싫증이 나지 않는 그녀는 묵언의 진수를 아는 사람입니다.

그녀는 혼자 있어도 소외감을 느낄 줄 모릅니다. 그래서 고독과는 거리가 먼 사람처럼 보입니다만, 유난히도 낙엽 지는 소리가 우수수 뼛속까지 울리는 가을이면, 우수에 잠기기도 하는 여자입니다.

여자를 찾습니다. 평소에는 명석한 지성으로 사물을 합리적으로 판단하고 행동하는 여자이다가도 사랑에 한 번 빠지게 되면, 일생일대 딱 한 번만이라도 불타는 노을 속에서 나뭇잎 같은 껍질을 우수수 활활 모두 다 홀라당 떨구어 내리고, 거추장스런 옷 같은 것은 훌훌 다 벗어 버리고, 외롭게 서 있는 나에게 달려와 불타는 노을이 되어 곡선의 시야 가득히 충일하게 일렁이는, 그런 여자를 만나고 싶습니다.

마지막 인생의 숨이 넘어가기 직전의 노을이 되어 번갯불에 콩 구워먹듯이 그렇게 번쩍이는 번개 바람과 만나 그 누구도 붙들어 나누어 가질 수 없는 번개 같은 절대 사랑으로 만나고 싶습니다.

여자를 찾습니다. 일반 세상 여자들과는 달리, 자기 자신에게는 엄격하고 남에게는 관용을 베풀 줄 아는 그런 여자, 그렇게 속이 찬 여자를 찾습니다. 스스로 터뜨려야 포기가 더욱 잘 차는 배추처럼, 때로는 스스로를 터뜨려서 자기를 부단히 향상시켜 인격을 도야 하면서도 어른을 공경하는 데에 게을리하지 않는 그런 여자를 찾습니다.

그녀는 과거에 사랑했던 남자가 있었다 할지라도, 그 추억에 매이지도 않거니와 그렇다고 그 추억을 내동댕이치지도 않을뿐더러 마음 속 푸른 가방에 고스란히 간직하면서도 현재의 생활을 소중히 여기는 그런 여자입니다.

물론 그녀에게도 자기만이 거할 수 있는 마음의 방, 마음의 지성소 같은 방을 지니고 있겠지요. 자기 홀로 쉬고 싶을 때 그 마음의 자유천지에서 쉬겠지요. 그러나 그 방에서 현실로 나와서 나와 함께 사는 방에 있을 때는 그 자기만의 방에서 혼자 토로하던 독백이나 신에게 읊조리던 기도의 한 자락도 넌지시 내비쳐 주겠지요.

우리들의 투명한 사랑의 영원성을 위해서 그렇게 하겠지요. 그리하여 우리들은 하나가 되는 영혼으로 투명성을 유지할 수 있겠지요.

여자를 찾습니다. 그렇지만 내가 자나 깨나 애타게 찾는 여자, 목마르게 찾는 여자가 이 인간들의 세상에 있을까요? 나는 착각의 순간마다 이런 여자를 만나지만, 이게 아닌데 이게 아닌데 하고 돌이질을 하며, 내가 찾아 헤매는 그녀가 아니라는 사실을 곧 알고 실망하곤 합니다.

그러나 나는 내가 이 세상에 살아있는 한 그녀를 찾지 않을 수가 없습니다. 눈뜬 영혼으로 밤을 지키다가 눈뜬 영혼으로 다가오는 그녀를 만나고 싶습니다. 인생을 정겹고 꽃답게 인내하며 살아오는 동안에 꾀어 모은 그 영롱한 고뇌의 구슬, 해탈의 구슬로 다가오는 그녀를 만나고 싶습니다.

    나는 생텍쥐페리가 추구한 '어린 왕자'처럼, 하늘나라 별나라로 갈 때까지 그녀를 찾지 않을 수 없습니다. 그녀를 만나지 않고는 내 인생의 의미를 찾을 수 없기 때문입니다. 제발 그녀를 아는 분이 계시거든 연락주십시오. 기다리고 또 기다리겠습니다.

우울한 귀향

나는 고향엘 잘 가지 않지만, 어쩌다가 꿈에 떡 얻어먹는 격으로 내려가게 되는 경우에는 별 볼일 없는 우울한 귀향이 되고 만다. 임실군에 위치한 오수라는 마을은 옛부터 개犬에 관한 전설을 간직해 내려오는 마을이었다. 개 오獒자 字에 나무 수樹자字로서 지명이 말하고 있는 바와 같이 이 마을은 소사 직전에 주인을 구한 충견의 이야기가 원동산의 비문에 새겨 있어서 제법 고풍을 풍기는 고장이기도 하다.

하늘을 찌를 듯이 치오른 느티나무에서 매미가 울기 시작하면 해월암과 신포정 계곡에서도 매미들이 약속이라도 한 것처럼 울어대기 시작하는 것이었다. 그 암자를 휘감아 흐르는 물줄기는 한참을 내려가다가 덤바위를 끼고 사라지게 되어 있었다.

이때쯤 되면, 어른들은 바람맞이 쉰 일참에 구리빛 등살을 드러낸 채 냉수에 보리밥 덩이를 꾹꾹 말아서는 풋고추를 된장에 찍어 툭툭 깨먹는가 하면, 연로하신 어머니들은 상추쌈을 싸는 것을 보게도 되는데, 아이들은 아이들대로 콩 타작이나 참외 서리에 재미를 붙이기도 하였다.

여기에 장날이 돌아오게 되면 남녀노소를 막론하고 이 원동산에 찾아와서 담소를 즐기게 되는데 나는 지금도 그 광경을 떠올리게 되면 그 정경이 그렇게 흐뭇할 수가 없다. 참외나 수박 등을 지게에 지고 와서 파는 사람들이라든지, 복숭아나 살구, 자두 등을 광주리에 이고 와서 파는 사람들이 꿈결처럼 선하게 떠올라 보인다.

그 큰 느티나무 그늘 아래서 장기나 바둑을 두기도 하고, 구수한 옛날 얘기를 깊여가는가 하면 선비풍의 자세로 시조 가락을 뽑아내기도 하는 노인들의 그 낭만을 잊을 수가 없다. 지금도 나의 기억에 남는 일로서, 김종학 씨의 춘부장 되는 어른께서 "청사아안리이이이이이, 벽계에 수우우우

야아……" 하고 시조 가락을 뽑으실라 치면 옆에 있던 노인들이 장단을 맞추며 스스로의 볼기를 치는 폼은 그냥 보아 넘기기 아까울 정경이었다.

이와 같이 낭만이 자르르 흐르던 오수의 원동산에 6·25가 휩쓸고 지나간 다음, 몇 차례의 정변이 지난 후부터는 옛 맛을 잃어가게 되었으니, 나의 귀향 나들이는 자연히 우울한 귀향이 될 수밖에 없었다.

원동산을 성역화시킴으로 인해서 사람들은 옛날처럼 자유로이 들어가 즐길 수 없게 되었다. 아무개 정승 이야기, 아무개 고을 원님 이야기 등의 무수한 얘기가 풍성하게 오가던 원동산은 멋을 잃은 채 견고한 담장과 시멘트, 콘크리트 등속으로 굳어진 얼굴을 한 채 무표정하게 버티고 있었다. 그리하여 여름날의 햇살이 내려 쪼이는 대낮인데에도 도깨비라도 나올 것만 같은 쥐죽은 듯 음울한 정적만이 감돌게 되었다.

원동산의 주변에는 마치 우상처럼 개의 형체를 조각하여 놓은 개의 상犬像이 사람들의 눈길을 끌고 있었다.

내가 바라는 오수의 이미지는 무엇인가. 그것은 충견忠犬의 전설을 살리는 동시에 자자손손 교훈으로 남아질 수 있는 정신적 내용을 담고 있어야 한다. 그러기 위해서는 견비犬碑와 수목은 잘 보존해야 하는데 반하여 개의 석상을 세우는 문제는 다시금 고려되어야 할 것이다. 왜냐하면, 우리가 충견의 비문에서는 그 문자가 제시하는 내용성이라 충견의 인격화가 기대될 수 있지만, 돌로 다듬어 세운 개의 형태에서는 개의 인격화란 기대할 수 없을 뿐만 아니라, 혀를 길게 빼어 물고 숨을 헐떡이는 개의 육적 형태에서 섹스의 개나 보신탕의 개를 연상하게 될 것이다.

적어도 이 고장의 전설을 기리기 위해서 사업을 시도할 때는 사물에 대하여 정확한 눈을 가지고 문화적 기능이라든지 교육적 기능을 고려하는 인식의 터 위에서 시작했어야 할 것이다.

나의 얘기가 이해가 가지 않는다면 길가는 학생들을 붙들고 물어보면 알 수 있을 것이다. 혀를 빼어 물고 숨을 헐떡이는 개의 석상에서 느껴지는 것은 무엇인가. 우리가 바라는 것이 보신의 고기라면 할 말이 없지만, 그게 아니고 충견의 정신이라 한다면 애향심에서 한마디 한 나의 얘기를 몰이해로 받아들이지 말아주길 바란다.

이러한 사족을 붙여야 하는 나는 처량하고, 언젠가는 또 고향이 찾고 싶어질 때 그 혀를 빼문 개의 석상을 보다가 원동산을 쓸쓸히 배회해야 할 내 우울한 귀향이 벌써부터 서글퍼져 오는 것이다.

마음의 밭

　　　　　　　인간 사회의 모든 현상은 사람 개개인의 마음에서부터 비롯된다. 마음이 넓은 사람은 마치 바다와 같아서 성급하지 않고 여유가 있기 마련이다. 마음이 쩨쩨하거나 옹졸하지 않고 탁 트인 사람은 모든 사람의 마음을 시원하게 해 준다.

　사람들의 마음을 부드럽고 따뜻하게 하며, 편안하게 해 주는 사람을 가리켜 우리는 덕인德人이라고 한다. 착한 사람, 참된 사람을 가리켜 선인善人, 진인眞人이라고 한다. 어진 사람, 성스러운 사람을 가리켜 현인賢人, 성인聖人이라고 한다. 마음과 몸이 아름다운 사람을 미인美人이라 하고 슬기로운 사람을 지인智人이라 한다.

　이와 같이 인격을 갖춘 사람들은 맑고 밝은 마음의 소유자가 아닐 수 없다. 이처럼 마음은 모든 인격의 근원이요 원동력이라 할 수 있다. 동양에서는 인격자를 가리켜 군자君子라든지 요조숙녀라고 한다. 군자는 남성으로서 인격자를 말하고 요조숙녀는 여성으로서 미덕을 갖춘 인격자를 말한다.

　이러한 인격으로 가꾸기 위해서는 우선 마음의 밭부터 가꾸어야 한다. 마음 밭을 가꾸는 일이 그렇게 중요하다. 정말 중요하다. 마음이 비뚤어지면 모든 게 다 비뚤어지기 마련이다.

　세상 사람들은 천차만별의 생존 속에서 천차만별의 희로애락 내지는 생로병사를 겪고 있다. 이러한 현상의 이면에는 보이지 않는 마음이 있어가지고 끊임없이 작용을 벌이고 있다. 그러므로 우선 조용하고 맑은 눈으로 마음을 들여다보는 일은 대단히 중요하다.

　마음이 선한 사람과 악한 사람은 마치 양과 뱀처럼 똑같이 물을 마시면서도 제각기 다른 성격의 것을 나타낸다. 모두 같은 물을 마시면서도 양은 젖을 내고 뱀은 독을 내듯이,

사람들의 세상에서도 그 마음의 차이에 따라서 각기 다른 언행을 나타낸다.

물과 공기와 햇빛이라는 영양소, 그리고 음식물이라는 영양분을 섭취하는 사람 중에서도 어떤 이는 선한 언행을 나타내고 또 어떤 이는 악한 언행을 나타내게 되는데 이 역시 마음에 따라서 표로된 것임을 알게 된다.

그러므로 우리는 우선 마음부터 바르게 정돈하고 맑게 닦아야 한다. 자기의 마음을 스스로 닦을 줄 아는 사람만이 사물을 올바르게 볼 수 있다.

정각정행正覺正行이라는 말은 여기에 해당된다. 그러나 바르게 깨닫고 바르게 행동한다는 게 그리 쉬운 일이 아니다. 하지만 마음을 바르게 닦을 줄 아는 사람에게는 그렇게 어려운 일도 아니다.

먼저 자기 마음의 창문에 낀 먼지를 말끔히 닦아내고 그 문을 활짝 열어야 한다. 그리고 햇빛이 고루 비치는 곳에서 마음의 밭을 잘 가꾸어야 한다. 자기의 마음 가운데 무성하게 자라려고 하는 온갖 잡초를 뽑아내야 한다.

그리고 또한 인격적인 혁명으로서 마음 밭을 쟁기질해야 한다. 자기의 못된 마음, 메마를 대로 메말라지고 황폐될 대로 황폐해진 마음, 그 산성화된 마음의 밭을 갈아엎고 윤기 자르르 흐르는 알칼리성 토양으로 토질을 개량해야 한다.

그리하여 그 알칼리성 토양에서 정서적인 수목이 무성하게 자라야 한다. 그래야 만이 아름다운 새들이 날아와서 열락의 노래를 부를 것이다. 그러므로 보다 많은 새들이 그 편안하고 시원한 그늘에 쉬면서 즐거운 노래를 선사할 수 있도록 넓은 세계를 안아 들여야 한다.

넓은 그늘을 펼쳐서 많은 이들로 하여금 편히 쉬게 하는 사람은 덕이 있는 사람이요 아름다운 사람이다. 덕이 있고 아름다운 사람에게는 많은 친구들이 모여들게 되고 그 덕인은 그 뜻있는 동료들의 중심이 되기 마련이다.

그런데 이러한 일이란 말하기는 쉬워도 실제로는 그렇게 쉬운 일이 아니다. 어려운 일이다. 마음의 밭이 날로 황폐해져 가는 데에도 대부분의 사람은 이를 망각한 채 그냥 살아가게 된다.

나의 마음이 어떠한 마음인가를 확인하고 반성할 줄 아는 사람은 극히 드물다. 대부분의 사람은 다른 사람들의 언행에 신경을 빼앗기고 있다. 남의 눈에 들어있는 티끌을 지적하는 일에 익숙해 있다. 자신의 눈에 들어있는 것은 살필

줄을 모르는 채 살아가고 있다.

자기 마음의 밭을 제대로 가꾸자면 본질과 수단에 대해서 확실한 판단이 서야 한다. 수단에 눈이 어두워진 나머지 본질을 놓쳐서는 안 되기 때문이다. 본질을 놓치면 수단의 노예가 된다. 수단의 노예가 되면 마음 밭은 황무지가 된다.

자기 마음의 밭이 황무지로 버려져 있는가, 옥토로 기름져 있는가를 항상 살펴보지 않으면 안 된다. 마음이 기름지면 말이 기름지고, 마음이 메마르면 말도 메말라진다. 그러므로 마음의 밭이 기름져서 온갖 곡식이 잘되어가고 개구리가 개골개골 우는지, 아니면 메마르고 쩍쩍 갈라지는 땅에서 싹들이 타 죽어버리고 흙먼지만 풀석풀석 날리는지 둘러보아야 한다. 이것을 알아보려면 그 사람의 언행을 보면 쉽게 알 수 있다.

말씨가 부드럽고 시원하고 편안함을 주면 그 사람의 마음밭은 알칼리성 토양을 바탕으로 식물이 잘 자라고 있다는 증거가 된다. 이와는 반대로 언행이 거칠고 답답하고 불편함을 주면 그 사람의 마음 밭은 돌멩이가 나뒹굴고 잡초가 무성하여 싹들이 제대로 자라지 못하고 배배꼬이다 타 죽게 되는 증거가 된다.

마음의 밭을 항상 보살피면서 가꿔가는 사람이 되어야 한다. 마음의 밭에 햇빛이 고루 비치도록 하고 물줄기를 끌어들여 메마르지 않도록 해야 하며 잡초는 보이는 쪽쪽 뽑아내야 한다.

마음의 잡초는 본질을 망각하게 하는 허영과 사치에서 자란다. 그것은 부질없이 탐하고 미워하고 물어뜯는 그 못된 독소를 밑거름으로 자라는 독초에 틀림없다. 마음의 밭에 이런 독초가 자라게 되면 그 밭은 아무짝에도 쓸모가 없게 된다.

"여보! 친구 명희네는 3억 원짜리 아파트에 외제 자가용까지 굴린대요! 남들 다 호화롭게 사는데 당신은 왜 못해요! 왜 못해욧!"

말이 이런 식으로 나오기 시작하면 그 사람의 마음밭은 잡초가 무성해져서 쓸모없게 되고 만다. 여자의 마음밭이 이렇게 황폐해지게 되면 남자는 그 밭에서 뿌리 뻗지 못하고 떠나려고 한다. 그는 황폐해진 그 여인의 잡초밭 돌짝밭을 떠나 보다 기름 진 밭으로 옮겨가서 새로운 뿌리를 내리려고 한다. 이것은 불행한 일이다.

우리는 남을 탓하기 전에 자기의 마음 밭부터 착실히 가

꿀 줄 알아야 한다. 마음의 밭은 경작하는 사람에 따라서 성인들처럼 얼마든지 넓게 그리고 기름지게 경작할 수도 있고 그저 돈돈돈 하면서 볶아대는 독부(毒婦)처럼 오그라들다가 타죽을 수도 있다.

우리들이 모르는 가운데 마음 밭 도처에서 자라고 있는 독초를 제거하는 일에 게을리해서는 안 될 것이다.

마음의 밭, 그것은 어쩌면 인류의 영원한 경작지로서 독초를 제거하는 싸움의 현장인지도 모른다.

초가 고향

"나는 조국이라면 그래요… 다른 것이 생각나는 것이 아니라, 내가 자랐던 작은 마을… 그 가난한 농촌이 마음속에 떠올라요… 그리고 그 마을에 서 있는 포플라들과 그 위를 흘러가는 하얀 구름… 언제나 그것을 생각해요."

이 글은 소련의 유명한 작가 시모노프가 쓴 『로서아 사람들』이라는 작품 속에서 나오는 한 여자 빨치산의 목소리이다.

인간은 누구나를 막론하고 어릴 때 보아 온 사물에 대하여 애정을 갖기 마련이다. 이것은 바로 고향에 대한 애정인 동시에 조국에 대한 애정이기도 한 것이다.

그런데 인간은 고향에 대한 사물 가운데에서도 인공물보다는 자연물에 더 깊은 애정을 갖게 된다. 어떠한 인공적인 힘으로 이루어진 사물이라 할지라도 그 자료가 자연물일 때 더욱 친근함을 갖게 된다.

따라서 죽림 속을 뛰어다니는 비비새라든지, 논두렁의 뜸부기나 숲속의 매미 소리 등은 말할 나위도 없겠거니와 토담이라든지 초가지붕 등도 아늑한 정서가 풍기는 생활문화재로서 고향을 생각하게 하는 사물임에 틀림이 없다.

이러한 사물들이 많아지거나 적어짐에 따라서, 혹은 아주 자취를 감추게 됨에 따라서 인간의 의식구조에 지대한 영향을 미치게 되는 것은 당연한 이치인 것이다. 그런데 새마을운동이라는 기치 아래 대대적으로 전개된 초가집 없애기 운동(지붕개량사업)으로 인해서 초가는 우리 주변에서 자취를 감추게 되었다.

정부는 1972년부터 1977년까지의 기간 중에 총 2백 65만 채의 초가지붕을 슬레이트 지붕으로 바꾸어 놓았다. 여기에 소요된 예산은 무려 3백 44억 7백 60만 원이나 된다.

이 엄청난 예산을 들여 초가집을 모조리 없애버렸는데, 과연 얻은 것은 무엇이고 잃은 것은 무엇인가. 슬레이트 지붕의 그 빨강과 파랑의 인공적인 획일성이 자라는 아이들에게 어떠한 영향을 미칠 것인가. 아늑한 정서가 없는 슬레이트 지붕, 깡마른 채 여름엔 덥고 겨울엔 추운 슬레이트 지붕은 그들에게 어떠한 고향과 조국으로 부각될 것인가. 도깨비장난한 뒤처럼 자취를 감춘 초가 고향을 생각하면 너무도 한심해서 말문이 막힌다.

  신문의 사회면을 차마 볼 수 없을 정도로, 오늘의 세태는 어지럽기 이를 데 없다. 토막살인이라는 끔찍한 말이 유행어처럼 번지곤 하는 세상이니 한심하기 그지없다. 왜 세상이 미친 여자 널뛰듯 하는가. 제발 쥐 잡으려다 독을 깨는 우를 범하지 말아야 할 것이다.

우감偶感

　제법 서늘해진 날씨 탓인지 「우감」이라는 시가 떠오른다. 날씨가 추워지면 구들목 생각이 간절해지듯, 세상이 추우면 추울수록 고향의 어머니를 떠올리게 되고, 향수의 안테나를 뽑아 올려 토속의 시어로 교신하게 된다.
　요즈음은 샘물 바가지에 버들잎을 띄워 주고 살짝 돌아서며 볼을 붉히는 그런 소심의 순수언어를 찾아볼 길이 없다. 깊은 산속을 찾아 약수를 마시려 해도 거기엔 흥부 얘기에 나오는 식물성 바가지는 없고, 나일론 끈에 목을 맨 플라스틱 바가지가 기다리고 있기 마련이다.

나는 숨을 쉬지 않는 플라스틱 제품에 반발하고, 이러한 문명에 반동한다. 그렇다고 해서 원시인이 되자는 것은 아니다. 번뇌의 넥타이를 풀어 버린다거나 가식의 양복을 벗어 버리려는 것도 아니다. 다만 잃어가는 원시적 생명감을 찾고 싶을 따름이다.

단기를 쓰고 음력을 쓰던 시절의 그 오순도순한 인정이 그리운 것이다. 물질문명, 과학문명이 발달한 오늘날보다도 오히려 사람 사는 것 같았던 그 시절로의 심정적인 복귀를 원하는 것이다.

거짓말을 모르는 시골 사람들은 가난해도 넉넉했고 여유가 있어 보였다. 그저 사람과 사람이 만나게 되면 정겨웠고 푸짐했고 편안했다. 무엇이든지 서로 주기를 좋아했기 때문이다. 돈이 필요하기는 해도 오늘날처럼 이렇게까지 돈돈돈 하지도 않았다. 텔레비전이나 냉장고가 없어도 불평할 줄을 모르고 살았다. 선풍기가 없어도 짜증을 낼 줄 몰랐다.

고추잠자리 떼가 노을 속으로 빨려드는 그 강냉이 밭은 지금 생각만 해 보아도 현란해지기 그지없다. 환장하게 타오르는 강냉이밭 고추잠자리 떼의 노을 속에서 잠자리를 잡다가 옥수수대 껍질을 물어뜯어 벗겨내고 단물을 빨았었다. 초콜릿이나 아이스크림을 모르던 그때는 그것으로 족했다.

그 병아리 시절이 그립다. 발톱이 날카로워지거나 말거나 거름자리 후비며 정신없이 살다가 제정신이 돌아와 문득 올려보는 하늘, 저 하늘 아래 산 너머 남촌이 왜 이리도 그리워지는 것일까.

초가집들이 의좋게 옹기종기 모여 있는 그 저녁 어스름 위로 밥 짓는 연기가 얕게 깔릴 무렵이면 그 꿈속같이 아련한 마을 동구 밖에는 어머니의 부르는 소리가 들렸다.

그 어머니에게서는 청국장 냄새가 났었다. 멸치 넣고 끓임직한 시래깃국 냄새도 나는가 하면, 때로는 들깻묵 냄새도 나는 것이었다.

마음 편한 식물성 바가지 같은 시
단기를 쓰던 달밤 교교한 음력의 시
사랑방 천정에선 메주가 뜨던
그 퀘퀘한 토속의 시를 쓰고 싶다.

인정이 많은 이웃들의 모닥불 같은 시

해질녘 초가지붕의 박꽃 같은 시
마당의 멍석 가에 모깃불 피던
그 포르스름한 실연기 같은 시를 쓰고 싶다.

겨울엔 춥고 여름엔 머리 벗겨지는
빨강 페인트의 슬레이트 지붕은 말고
나일론 끈에 목을 맨 플라스틱 바가지는 말고,
뚝배기의 숭늉 내음 안개로 피는
정겨운 시, 푸짐한 시, 편안한 시,
더운 김이 모락모락 피어 오르는
고구마 한 소쿠리씩의 시를 쓰고 싶다.

고추잠자리 노을 속으로 빨려드는 시,
저녁 연기 얕게 깔리는 꿈속의 시,
어스름 토담 고샅길 돌아갈 때의
멸치 넣고 끓임직한 은근한 시,
그 시래깃국 냄새 나는 시를 쓰고 싶다.

— 「시론 3」

우리들의 식탁을 기름지게 하기 위하여 밭에서 거둔 소출로 참기름 들기름을 짜시던 어머니의 그 박꽃 같은 소심素心이 나로 하여금 어쩌면 은근한 시, 편안한 시, 인정 많은 이웃들의 모닥불 같은 시를 잉태케 하는지도 모른다.

나는 지금도 어머니의 그 치마폭에 휩싸이던 추억을 만지작거릴 때가 있다. 그 아득한 어머니의 체온, 그 훈김은 사랑의 안개요, 고향의 시냇가 잔잔한 물비늘이다. 피곤한 내 영혼을 잠재우고 쉬게 하며 맑은 물로 씻어 내린다.

그 고소한 깻묵 냄새가 서늘한 바람을 타고 코끝으로 솔솔 풀려나오던 그 전설 같은 분위기를 나는 지금도 잊지 못한다.

어머니는 결국 나에게 깻묵 냄새를 남겼고, 나는 그 깻묵 냄새가 나는 시를 남기게 되었다. 깻묵 냄새가 나는 나의 시, 그것은 나의 체질이다. 누가 뭐라 해도 나는 깻묵 냄새를 좋아한다. 그것은 가을날 투명한 하늘에서 부서져 내리는 햇살을 받으며 깨알들이 녹아내리는 희생의 상징시어이기 때문인지도 모른다.

시들어가는 풀밭에서 파랗게 갠 가을 하늘을 고요히 우러러보다가 주인에게 털리어 떨어지면서도 웃음을 선사하는 참깨에서 순애를 느낀다. 그리고 모든 음식에 들어가 맛을 내는 진액으로 남기 위해 기꺼이 짜여지는 깨에서 모성을 만나게 된다.

설악의 밤 물소리

내 가슴속에는 설악산의 밤 물소리가 있다. 밤새도록 흐르는 밤 물소리가 있다. 바위에서 바위로, 돌 틈에서 돌 틈으로 돌돌돌 흐르는 대자연의 입체음향이 흘러내리고 있다. 무성하게 우거진 수림의 뿌리에서 비롯되어 흘러나온 약수, 산삼 썩어 내린 물이 시원스럽게 나의 온 몸을 휘감으며 흐르고 있다.

사람이 사는 주택보다도 동물들의 집이 훨씬 많은 산, 인간들 보다는 동식물이 훨씬 많은 산은 안개로 허리를 가린 채 신기神氣로 가득 차 있었다. 그래서 그곳은 어떠한 인공적인 법칙보다는 자연의 진리로 통용이 되는 원시적인 사랑과 생명의 세계였다.

　여기는 통행금지가 소용이 없는 세계이다. 흐르는 물소리를 누가 막을 것이며 지저귀는 새소리를 누가 막을 것인가. 대자연의 세계란 타락하지 않은 게 확실하다. 주민등록증도 소용이 없는 자연의 세계, 그 세계는 세속에 때 묻지 않은 순수한 자유의 천지이다.

　자유, 그렇다. 새가 물을 마시고 싶을 때 내리쏘아 물을 물고, 치오르고 싶을 때 눈을 들어 솟구쳐 오르고, 비상하고 싶을 때 날아가는 자유를 누린다. 이러한 자유를 창조주가 부여했거늘 누가 감히 막을 수 있겠는가.

　사람에게는 그 이상의 행복을 주기 위해서 신神은 인간으로 하여금 자연 만물을 주관하라는 축복을 주셨다고 했다. 그러나 인간은 타락하여 만물을 주관할 만한 자격을 상실했다. 주관한다고 하는 것은 대상적인 존재를 자기 마음대로 다루는 것을 의미하는 게 아니다.

　어떠한 대상을 주관하려면 그를 주관할 수 있는 자격이 있어야 한다. 상대방을 사랑하는 마음, 위해주는 마음이 없고서는 그를 주관할 자격이 없는 것이니 존경이 가지 않는 이에게 누가 주관 받기를 바랄 것인가. 따라서 자연 만물들도 인간이 하루 속히 타락성 근성을 벗고 상실되어진 인간성을 회복하기를 고대한다고 성서는 말하고 있다.

내 가슴 속에는 설악산의 밤 이야기 소리가 있다. 밤새도록 지칠 줄 모르던 싱싱한 시절의 이야기가 있다. 툇마루에 앉아서 물소리에 취하여 오순도순 얘기를 나누던 그녀의 샛별 같은 눈망울이 있다. 그 눈망울은 지금도 내 가슴속에 생생하게 살아와서는 초롱초롱 반짝이고 있다.

설악산의 밤 물소리가 너무너무 좋아서 밤새도록 속삭이던 우리들의 이야기는 영원한 진리의 밤 별빛이 되어 내 가슴을 두드리고 있다. 여기에서 말한 '우리'라고 하는 '복수複數'는 함께 여행을 했던 미희美姬와 나를 가리키는 말이다.

나는 구슬알이 구르는 듯한 그 물소리가 너무 너무 좋아서 잠을 이루지 못하고 툇마루에 나와 있었는데 그녀 역시 잠을 이루지 못하여 이 이야기 저 이야기로 날을 새웠던 것이었다.

설악산의 밤 물소리로 인해서 인연이 되어진 우리들의 철야, 그것은 영원히 간직될 수 있는 값진 추억이 아닐 수 없다. 그 추억이란 지금 생각만 해보아도 가슴이 저절로 서늘해지며, 꿈길을 헤매기라도 하는 듯이 몽환의 세계에 도취

될 것만 같기도 하다.

> 서산넘어 햇님이
> 숨바꼭질 할때면
> 수풀속의 새집에는
> 촛불하나 켜놓았죠
> ……

  우리들의 이야기는 어린 시절부터 더듬어 올라와서 청춘의 오전까지를 끌어내는 것이었다. 내 청춘의 오전 … 그러니까 그때도 벌써 옛날이야기라고 할 수 있을 정도로 많은 시간이 흘러갔다. 그것은 청춘의 오전과 정오의 차이이다. 그 꿈같은 시간이 속절없이 흘러가는 동안에 그 산과 물소리와 여인과 안개 등의 신비로운 사물들이 내 가슴 속에서 새로운 형태의 이상세계로서 자리를 잡게 되었다.
  나 자신 속에 이러한 사물들이 모두 함께 동거하므로 인해서 나는 산을 떠올리게 되면 물소리와 여인과 안개를 거의 동시에 연상할 수 있게 되었다. 나는 그렇게 길들여졌으며, 이러한 상상의 세계를 펼쳐놓고는 그 속에서 관조하고 탐닉하고 잠들고 싶은 미적 즐거움을 누리게 되었다.

이러한 나의 정신적 상상의 행위를 가지고 좋게 말한다면 인간과 자연의 조화를 꿈꾸는 미의식美意識의 소유자라 할 수 있겠지만, 이를 나쁘게 말한다면 미의식에 치우친 광인의 허상으로 표현될 수도 있을 것이다.

산은 남성적이지만 여성의 속성까지를 동시에 표현하고 있다. 줄기줄기 힘찬 산맥은 충신을 상징한다면, 졸졸졸 물 흐르는 골짜기는 열녀를 상징한다고 말할 수 있을 것이다.

그리고 허옇게 드러낸 바위에서 남성의 굳센 의지와 과묵한 성격을 읽을 수 있다면, 아침 산이 깨어 일어나면서 기지개를 켤 때 풀어져 내리는 안개에서는 여인의 잠옷이 연상되기도 한다.

신이란 분명히 알 수 없는 존재이기 때문에 영원한 진리로서 존재하는지도 모를 일이다. 오랜 기간의 역사 노정을 두고 무수한 사람들이 연구에 연구를 거듭하여 왔으나 아직도 그 전모를 확연히 알 수 없기 때문에 신은 영원한 진리의 빛으로 존재하는 것이 아닌가. 신이란 어떠한 논리적 귀결에서 얻어진 인식만으로는 그 속성 전체까지를 파악할 수는 없기 때문이다.

따라서 광맥이 끝없는 광산처럼 파 들어가고 파 들어가

고 또 파 들어가도 끝이 없는 게 신의 존재이다. 연구를 할 만큼 해서 이만하면 되겠거니 하고 결론을 내려 보지만, 결국엔 역시 한강에 돌 던지기가 되고 만다.

그래서 사람이란 진리를 터득하면 할수록 더욱 겸허해지기 마련이다. 제가 잘났다고 머리를 내두르는 사람은 우주의 섭리적인 대진리와 함께 터득하게 되는 인생의 맛을 모르는 사람이다. 그것은 우주적인 질서 속에서 인간의 존재 위치와 존재의 가치를 깨닫지 못하기 때문이다.

한 잎의 낙엽이 지듯이 사람이란 언제이고 지기 마련이다. 인간도 하나의 피조물이기 때문이다. 그런데 그 낙엽과 크게 다른 점은 창조성을 지닌 피조물이라는 점이다. 인간이란 어떠한 절대적 존재로부터 창조되어진 피조물임에는 틀림이 없다. 인간은 그 속에 신의 창조성이 들어있어서 새로이 창조해 내는 창조의 기능을 발휘하게 된다. 그래서 사람은 흙으로 돌아가기 전에 무엇인가를 남겨야 한다. 아름다운 언행을 남겨야 한다. 그림을 남기고 음악을 남기고, 시를 남기고, 이야기를 남겨야 한다.

이처럼 아름다운 것들을 남기는 동안에 결국 그 사람은 아름다워지는 것이다. 낙엽이 아름답게 지듯이 사람은 아름답게 져야 하는 것이다. 이러한 생각을 하면서 아름다운 추억을 간직하는 것 또한 여간 즐거운 일이 아니다. 그래서 나는 때때로 설악의 물소리를 떠올리게 되는 것이었다.

내 가슴 속에는 설악산의 안개가 피어오르고 있다. 자욱하게 피어 오른 밤안개 속에서 침묵하는 산이라든지, 아침 안개 속에서 꿈틀거리며 일어나는 산의 겨드랑이에서 흐르는 물소리가 시원하게 들려온다. 케이블카로 권금성權金城에 오르면 발아래 굽어보이는 층암절벽이 안개 속에서 신비로운 자태를 드러내 보인다.

안개는 엷은 천으로 가리운 여인처럼 어쩐지 알 수 없는 신비로움을 자아낸다. 안개의 신비, 그것은 베일에 가리운 여신女神의 몸짓이요 시신詩神의 몸짓이다. 세속적인 관념으로서는 감히 범접할 수 없는 신비의 여신이 나의 관념 속에서 피어오르고 있다.

미희美姬, 그녀는 나의 안개이다. 나는 그녀의 안개 속에 휩싸인 채 영원히 잠들고 싶어질 때가 있다. 설악의 물소리를 들으며 온갖 번뇌를 떠내려 보내고 싶어질 때가 있다. 그러나 이제 와서 그녀를 다시 만날 수는 없다. 그 설악의 툇마루에 앉아서 옛날처럼 꿈꾸듯 얘기할 수도 없다. 그 아름다웠던 시절의 다만 한 조각만의 시간이라도 나에게는 다시금 돌아올 수 없는 게 나의 현실이다. 나는 나의 이상을 깔아뭉개는 엄연한 불도저의 현실 앞에 처해 있기 때문이다.

그렇다고 해서 절망할 수는 없다. 보자기로 구름 잡는 꿈일지라도 나는 소망을 가지고 살지 않으면 안 된다는 것을 알고 있다.

앞으로 먼 훗날, 어느 저승의 숲길이라도 걷다가 그녀를 만나게 되면, 그때는 나의 사랑을 고백하고 싶다. 사랑한다는 그 흔한 말 한마디 못한 채 얼마나 그리워하며 살아왔는지 모른다고. 그리고 옛날 얘기를 꺼낼 것이다. 나는 물소리와 함께 그녀를 사랑했고, 그녀 역시 나에게 물소리와 함께 시를 잉태해 주었노라고.

아버지 수염

나의 아버지는 농부였다. 농토를 많이 갖지 못한 가난한 농부였다. 그러나 나는 나의 아버지가 가난한 농부라고 해서 불행하다고 생각해 본 적은 없다. 나의 눈에 비친 아버지는 이 세상에서 가장 힘이 세고 근사한 아버지로 여겨졌던 것이었다. 아무래도 나는 내 아버지의 그 남성적인 건강미를 좋게 본 것 같다.

아버지가 모를 심으실 때나 논을 맬 때면 그 구릿빛 등살에서 남성적인 힘의 매력을 나는 자랑하기도 하였다.

나의 아버지는 우선 양팔에 알통이 불거져서 좋았다. 무거운 물건을 다루게 될 때는 온몸의 근육들이 꼬여 일어났다. 팔과 다리에 불거져 나온 힘줄들은 힘의 약동함을 보여

주어 좋았다.

아버지의 그 깔끄러운 수염도 좋았다. 까끌까끌한 수염은 점잖으면서도 기품이 있어서 좋았다. 그 수염은 내가 잘못을 저질렀을 때 야단칠 수 있는 엄격한 위엄과 질서 같은 것을 거느리고 있었다.

그런데 나는 나의 아버지처럼 그렇게 멋이 없다. 아버지를 닮았으면서도 아버지만큼의 구릿빛 등살도, 불거져 나온 알통도, 껄끄러운 수염도 갖지 못하고 있다.

그러므로 나의 아들아이는 나를 볼 때 내가 내 아버지를 보듯 그렇게 위대한 힘의 아버지로 보아주지는 못할 것이다.

아침이면 전기면도기로 수염을 깎아버리는 나의 맨송맨송한 얼굴에서는 위대한 힘의 아버지를 느끼지 못할 것이다.

기껏해야 쓰레기나 버릴 정도로 힘의 특권을 상실한 나에게서 무슨 매력을 가질 것인가.

과거에는 아버지가 엄격했고 어머니가 자애로웠었는데, 이제는 어머니가 엄격하고 아버지는 자애롭게 되어 가고 있다.

어머니에게 돈을 주는 이는 아버지이지만, 남편과 자녀

들을 보살피는 이는 어머니라 할 수 있다.

학교에 내는 돈도 옛날과는 달리 어머니가 주고, 전기세, 수도세 할 것 없이 모든 지출은 어머니가 한다. 공부도 어머니가 돌보아주고, 통신표도 어머니가 먼저 확인한다. 점수가 좋지 않을 때 회초리를 드는 사람도 역시 어머니임에 틀림이 없다. 그리하여 아이들의 눈에 비친 아버지는 별 볼일 없는 사람으로 보이기 마련이다.

퇴근하여 귀가한 아버지는 어머니의 지시에 의하여 벽에 못이나 박아주고, 연탄재나 버려주는 정도로 평가 절하된 형편이다.

아버지가 출근길에 교통비가 없다고 손을 내밀면 어머니는 크게 선심이라도 쓰듯이 용돈을 주는 광경을 지켜보는 아이들이 아버지의 말을 잘 들을 리가 없다.

퇴근길에 아버지가 들고 들어오는 것은, 아이들이 좋아하는 과자나 빵이 아니라 아이들에겐 정말 관심도 없는 책이다. 아이들이 좋아하는 것은 책이 아니라 먹을 수 있는 과일이나 과자 같은 것들이다.

어머니의 손에서 콩나물처럼 보드랍고 심약하게 자라나는 아이들은 어떤 전통 의식이나 질서 의식이 희박해져

갈 수밖에 없다.

오늘날의 가정이나 사회는 아비 없는 후레아들처럼 부성애가 결여되어 있다. 어딘지 모르게 속이 비어 있다. 아이들에게 돈만 주면 책임을 다하는 것으로 착각하는 사람들이 적지 않은 것 같다.

가정이라는 곳은 어떤 합자회사나 주식회사가 아니다. 그리고 하숙하는 곳도 아니다. 그곳은 보다 높은 가치의 사랑으로 부성적인 체통과 질서 내지는 모성적인 자애와 봉사로써 조화를 이루어야 할 행복의 보금자리여야 하는 곳이다.

나는 농부의 아들로 태어났고, 나의 아들아이는 시인의 자식으로 태어났다. 농부의 아들은 건강을 배우고, 시인의 자식은 지성과 감성을 배우기 마련일 것이다.

그런데, 나는 어찌된 일인지 건강미도 지성미도 갖추지 못하고 있다. 이러한 모순이 또 있을까. 그래도 나는 내가 갖추지 못한 건강과 지성을 내 아들아이는 갖추기를 바라고 있다.

그리하여 나는 내가 이루지 못한 모든 것을 내 자식은 꼭 이루어 주기를 기대하면서 살아가게 된다.

풍년가를 잘 부르시던 나의 아버지처럼, 나는 내가 하고 싶은 이야기들을 시로 표현하면서 살아가듯, 돈도 되지 않는 시를 붙들고 살아가는 나처럼 내 아들아이는 진실을 배우면서 살아가게 될 것이다.

그러면서도 아주 가난하지는 말고 적당히 넉넉하게 살기를 바란다. 아주 가난하지는 말고 적당히 넉넉하게 살아간다 할지라도 아버지의 슬하에서 자라는 아이는 싹수가 좋아서 행복하지 않을 수 없을 것이다. 아버지가 없는 집의 자녀가 어머니 없는 집의 자녀보다 범죄를 일으키는 율이 4배 이상이나 높게 나타난다는 경찰의 통계를 보더라도 가정에서의 아버지 역할이 얼마나 대단한가를 알 수 있다.

그런데도 가정에서는 아버지의 역할이 축소되어 가는 듯한 느낌을 받게 된다. 아이들이 잘못을 저지르게 되면 단호하게 나무라고 훈계하는 아버지의 그 깊은 속사랑을 아이들은 체험하지 않으면 안 될 것이다.

이러한 생각을 하게 되는 나는 이래저래 농부가 되고 싶다. 정직한 농부가 되어 흙의 진실, 땀의 결실을 보여주고 싶다. 나는 내 아버지처럼 그렇게 수염을 기르리라. 그리하여 이 아비의 껄끄러운 수염의 감촉을 통하여 대쪽 같은 선비

기질, 원시적 생명력이 약동하는 농부기질을 전해 주리라. 온갖 감각주의에 흐늘거리는 오늘의 세태 속에서 콩나물같이 길러지는 창백한 사랑이 아니라 힘의 아들, 생명과 사랑의 아들로 길러 가리라.

첫눈이 내릴 때

　　　　　　　　첫눈이 오는 날은, 벚꽃잎이 날릴 때처럼 그렇게 마음이 산란하게 날리지 않을 수 없게 된다. 심지어는 미물인 개들도 좋아라고 만산평야로 쏘다니는데, 만물의 영장이라는 인간이 부동의 자세로 있을 수만은 없는 일이다.

　첫눈을 보았을 때의 반응은 여러 형태로 나타나지만, 대개는 가까운 연인이나 친구에게 전화를 거는 행위로 나타난다.

　첫눈을 혼자 보기가 아깝다는 듯이 나누어 누리고자 한다. 그 백색이 주는 순결한 이미지를 새끼치고 싶은 것이다.

그러니까 같은 사랑도 첫눈과 연관시키면 잊지 못할 지고지순한 순백의 첫사랑, 순결의 첫사랑이 된다.

눈과 관련된 영화를 고르라면 '러브스토리'나 '닥터 지바고'를 떠올리기에 어렵지 않을 것이다. 그만큼 그 영화는 눈과 밀착되어 있다.

양주동 선생의 사랑에 관한 지론도 재미있다. 사랑을 하려면 겨울날 눈 오는 밤에 해야 한다고 했다. 눈 오는 밤의 노변정담, 즉 사랑하는 이와 화롯가에서 정겨운 얘기를 깊여 가라는 얘기다.

그는 눈 오는 밤, 화롯가에서 연인과 단둘이서 정담을 나누는 게 가장 이상적인 연애가 된다고 침이 마르게 극찬을 하고 있지만, 화로를 사용하지 않는 현대 사회에서는 그 눈을 맞기도 하고, 창이 넓은 다방의 창가에서 커피를 마시며 눈의 나라 착한 백성이 되어 미래의 추억이 될 기억의 부스러기들을 수놓아 가기도 한다.

그런데, 첫눈은 서설瑞雪이면서도 아쉬움이 남게 하는 가난한 시간의 사물이다. 놓친 열차는 아름답다고 하였던가? 첫눈이나 첫사랑은 반가운 만남이면서도 아쉬움을 동반하는 이별의 성격을 띤다.

그것은 마치, 장작 난로 곁으로 날리면 녹아버리는 눈잎처럼, 애타게 사랑하면 사랑할수록 녹아버리고 마는 성질을 지닌다.

첫눈, 하면 떠오르는 옷도 있다. 그것은 30년 이상 장롱 속에서 세월을 보내고 있는 빠오로 오버코트다. 요즈음은 그것을 입는 이가 없지만, 내가 젊었을 때의 그 오버는 요즘 시쳇말로 그저 끝내주는 것이었다.

첫눈이 내리는 날이면, 그 빠오로 오버코트를 입고 눈길을 걷기 시작한다. 혼자 걸어도 좋지만 둘이서 거닐면 더욱 좋다. 노변에서 산 땅콩이나 군밤을 오버 호주머니에 넣고는 조곤조곤 먹으면서 아스라한 눈길을 꿈결 걷듯 걸어가노라면, 가슴속 밑바닥에서부터 스멀스멀 일어나는 삶의 희열을 느끼게 된다.

어느덧 나에게도 늙음이 왔다. 나는 이미 빠오로 오버와도 같은 구식이 되었다는 얘기다. 그래도 그 구식 속에는 낭만의 방향芳香이 스며 있는 것으로 여겨진다.

나는 촉감이 좋은 빠오로 오버를 버리지 못한다. 그것은 다른 그 어떤 옷보다도 깨끗하고 편안하기 때문이다.

나는, 우리 또래들은 첫눈이 내리는 날 따뜻하고 편안한 빠오로 오버를 입고 거리에 나서기를 즐겨 했는데, 요즈음 세상은 그런 분위기와는 거리가 먼 것 같다.

대개 도시의 첫눈은 싱겁기 그지없는 경우가 흔하다. 도시의 눈은 내리면서 녹아버리기 때문이다. 눈이 쌓이기는커녕 물이 되어 질척이는 거리를 거닐기보다는 한 잔 찌크리는(젊은이들의 표현을 빌리자면) 행위로 구겨진 낭만을 더욱 구겨지게 한다.

대기오염이라든지, 지구의 온난화 현상으로 인해서 첫눈이 내리기가 무섭게 녹아버리는 것처럼, 우리들의 도시 문명사회는 갈수록 피폐해지고 있다.

세상이 이 지경이 되었으니 그 옛날 빠오로 오버를 입고 순백의 눈길을 나란히 거닐면서 다정한 이야기를 오순도순 깊여가던 그런 추억은 어느덧 먼 나라 이야기가 아니면, 허구로 짜여진 동화에서나 떠올리게 되었으니 내 인생의 여울목도 아득히 먼 곳을 흐르는 것 같다.

첫눈, 혼자서 되뇌어보기만 해도 가슴이 설렌다. 그 눈은 나에게 속삭이는 것만 같다. 몰인정한 도시에서 속 썩지 말고 시골로 내려가란다. 그 속삭임은 노래가 되어 더욱 사무치게 되돌아온다. 올해도 첫눈이 오시는 날에는 내 노래의 날개를 펼치고자 한다. 황송문 작시에 중국 조선족 최연숙 작곡, 그리고 역시 중국 조선족 가수 한선녀가 노래한 〈눈꽃〉을.

눈꽃이 나를 흔들어 흔들어 깨우네
이러지 말고 정말 이러지를 말고
시골로 내려가라고 나를 흔드네
이러지 말고 정말 이러지를 말고
청국장 끓는 고향으로 내려가라네

칼로 물 베기

한밤중에 우당탕 와지끈하고 무엇인가를 때려 부수는 소리와 함께 심상치 않은 말다툼 소리를 들었다. 그 소리는 바로 뒷집에서 들려오고 있었다. 웬 싸움인가 하고 창문을 열어젖히고 바라보니 웃옷을 벗은 채 웃통을 드러낸 사내가 미처 흥분을 가라앉히지 못하고 우왕좌왕하는 게 보였다. 2층 양옥집 아랫방에 세 들어 사는 부부가 싸우고 있었다.

나는 그들이 부부싸움을 또 하고 있다는 것을 단번에 알 수 있었다. 그들 부부는 싸움이라면 알아줄 정도로 걸핏하면 싸움질이었지만, 휴전이라 할까 종전도 묘하게 잘했다.

뒷집 남자는 자기 아내에게 연신 "빌어먹을……" 소리를 하고 있었고, 여자는 자기 남편에게 "거지같은……"이라는 욕설을 퍼붓고 있었다.

두 남녀가 지껄여대는 말을 종합해 보면, 그들 부부는 아동복상점을 경영하는 모양이었다. 그런데 이날은 어느 어려운 아동복 장수가 그들 부부가 경영하는 상점 바로 앞에다 아동복을 팔아보겠다고 벌려놓은 것을 그 남편 되는 사람이 다른 데로 옮기라고 하여 옥신각신했던 모양이었다.

그런데, 그 부인은 왜 옮기라는 말을 했느냐는 것이었다. 남편은 장사를 하기 위해서 옮기라고 했고, 부인은 부인대로 옮겨 가라고 한 남편을 마땅치 않게 여기는 데에서 싸움이 발단된 모양이었다.

우리 집뿐만이 아니라 주변의 이웃들도 창문이라든지 담장 너머로 기웃거리며 구경을 하고 있을 뿐 누구 한 사람 나서서 말리는 사람이 없었다. 그러니까 자연히 그들 부부싸움은 제풀에 꺾여서 시들해지고 잠잠해지는 것이었다.

나는 그들 부부에게도 있었을 결혼식 광경을 떠올리고 있었다. 웨딩마치가 울려 퍼지는 가운데 첫발을 옮길 때의 그들은 이날 밤의 싸움 같은 것을 상상도 못했을 것이다.

아무리 생각을 굴려 보아도 싸울만한 내용의 사건이 아닌데 그들 부부는 싸웠다. 싸우고 난 다음에는 후회가 될 것이다. 싸울만한 건덕지도 아닌 것을 가지고 서로가 무슨 원수라도 만나 죽이기라도 할 듯이 손찌검을 하고 동네 사람들 창피하게 악을 바락바락 썼던 게 후회막급일 것이다.

동네에 소문이 날 정도로 시끄러운 그들 부부싸움은 소리만 요란했을 뿐, 불과 사오 분만에 김빠진 무승부로 끝났고, 언제 싸웠느냐는 듯이 이내 평정되었다. 금방 싸우고도 언제 싸웠느냐는 듯이 한 이불 속에서 잠이 들다가 깨어나고 하는 것이 부부싸움이다.

그래서 옛부터 "부부싸움은 칼로 물 베기"라고 말해온 것 같다. 부부싸움이 칼로 물 베기가 될 수 있는 것은 그 가운데 사랑이 있기 때문이다. 사랑이란 서로 따지고 들려는 시시비비를 초월하는 성질의 것이기 때문이다.

그런데 부부들은 왜 자꾸만 칼로 물 베는 짓을 하는 것일까. 칼로 물 베기, 그것은 물론 갈등의 해소를 위한 폭발이겠지만, 부부애에 대한 확인이기도 하다. 남편이건 아내건 어느 쪽이 선제공격을 했건 간에 자기는 정당하다고 기를 쓰고 주장하면서도 그의 심리 어딘가의 한 편에는 두들겨 맞고 싶은 심리도 작용하게 된다.

단 하루도 함께 살지 못할 것처럼 으르렁거리며 대어드는 아내에게 정색을 하고서 정식으로 이혼을 주장하고 나서면, 당신이 그럴 줄 몰랐다고 눈물을 흘리며 서러워하게 될 것이다. 그렇게 되면 남편은 단번에 마음이 약해져서 자기가 잘못했다고 아내의 등을 어루만져줄 것이다.

부부싸움에 있어서 남자의 무기가 주먹이요 힘이라면, 여자의 무기는 눈물이요 부드러움이다. 힘을 과시하는 남자의 주먹이라는 것은 부드러운 여자의 눈물에 흐물흐물 녹아내려 맥을 못 춘다. 이러한 부부투쟁론에 입각해서 보니까 그렇게 보이는 줄은 몰라도 아무튼 뒷집의 그 사내도 역시 부인의 눈물에는 그만 맥을 추지 못하고 2라운드쯤에서 주저앉고 말았다.

대개의 부인들은 남편의 주먹에 굴복하기보다는 자칫 때려 부숴질 살림기구가 아까워서 기세를 죽이게 된다. 아내의 심리를 잘 파악하고 있는 남편은 살림을 때려 부수되 별것 아닌 물건부터 시작하여 점점 별것인 것으로 먹어 들어가게 되는데, 이렇게 진행되려고 할 때 대부분의 아내는 파리처럼 무릎 꿇고 두 손을 싹싹 부비지는 않을지라도 볼

름을 낮추면서 슬그머니 모성애 같은 것을 발휘하게 된다.

　이렇게 되면 이들은 부부싸움을 통해서 부부애를 확인한 셈이 된다. 부부싸움은 장려할 것은 못되지만, 그렇다고 해서 절대로 나쁜 것만은 아닐 것이다. 욕설과 구타와 파괴가 없는 신사적인 부부싸움, 가벼운 부부싸움은 스트레스를 해소시키는 데에 바람직할 것이다.

　5년이고 10년이고 불만을 꾹꾹 눌러 담은 채 꽁하고 있으면서 신경전을 벌이는 부부보다는, 가볍게 밀고 당기다가 적당한 선에서 화해하는 부부가 한결 건강하고 바람직할 것으로 여겨진다.

　요즈음은 가뜩이나 장사도 잘 안되니 불만인들 오죽하랴. 날씨마저 무더우니 짜증인들 오죽하랴. 부부싸움은 칼로 물 베기라 했으니 가벼운 선에서 밀고 당겨본들 어떠리.

멋있는 사람

멋있는 사람이란 어떤 인물을 가리킴일까. 내 생각으로는 사람다운 사람, 인간미가 잘잘 넘쳐흐르는 사람이 아닌가 한다. 그렇다면 어떠한 인물이 사람다운 사람으로서 내 마음을 끄는 사람, 멋있는 사람일까.

아무래도 절개가 대나무처럼 꼿꼿한 사람, 정의를 위해 노력하고 실천하는 사람, 짜릿한 해학으로 부정을 비판하고 비뚤어진 세상을 바로잡으려고 노력하는 사람이 아닌가 한다.

내가 이처럼 멋있는 사람을 좋아한 까닭은 우리 현실 속에 멋있는 사람이 너무도 없어 보이고 멋없는 사람이 너무도 많아 보이기 때문이다. 그렇다면 왜 멋없는 사람이 많아졌을까.

그 원인은 여러 가지가 있겠다. 우선은 나 자신을 돌아보게 될 때 인간 자신의 수양 부족을 들 수도 있겠지만, 오늘날의 사회 현실을 무시할 수가 없다. 우리가 흔히 보고 느끼는 점으로서, 물량적 발전은 놀랍기 그지없지만 인간 자체는 잘아져서 소인배가 되어 가기에 적합한 풍토에서 살고 있다.

우선 쉬운 예로서, 술집이 100개쯤 있는 마을에 하나나 둘 있을 정도의 서점이 문을 닫는 현실이라든지, 서울에 두세 개 있는 음악감상실은 문을 닫는데, 수백 개를 헤아리는 전자오락실은 초만원을 이루는 사회 현실은 정말 그렇지 않아도 멋없는 사람들을 더욱 멋없는 사람들로 만들어 가고 있다.

사람들이 날로 멋을 잃어가는 까닭 중의 하나는 너무도 책을 읽지 않고 시류時流에 휩쓸리기 때문이다. 남들이 겉멋을 부리면 나도 겉멋을 부리고, 남들이 눈치 보고 아첨하는…….

강아지가 뼈다귀 보고 침 흘리며 꼬리 흔들 듯 나도 요령껏 알랑거리려고 하는, 그래서 윗사람에게 어떻게 잘 좀 보여 가지고 한 뼘쯤이라도 더 높아져 보고 또 안전한 자리를 유지하려고 온갖 수단을 다 동원하는 소인배의 근성이 뿌리 뻗어가기 때문이다.

왕대밭에서 왕대 난다는 말이 있다. 대나무는 죽순 때부터 굵게 올라와야 굵은 대가 되지 가늘게 올라와 가지고는 왕대가 될 수 없는 법이다. 그러므로 구구우-하고 뿌려주는 모이를 주워 먹으려고 달려드는 병아리 같이 답답하고 한심한 현실에서 눈을 돌려, 잠시 동안이라도 좋으니 저 프랑스 낭만주의 문학의 거성 빅토르 위고의 말에 귀를 기울일 필요가 있다고 본다.

빅토르 위고는 볼테르의 1백주년 기념 연설에서 말하기를 "볼테르는 인간을 초월한 존재다. 그는 한 시대였다."고 했다. 과연 그렇다. 볼테르만큼 사상에 있어서나 행동에 있어서 자기 시대의 정치적 사회적 종교적 위선과 독단과 타락을 줄기차게 비판하여 도전한 사람도 흔치 않다. 그는 붓으로 싸워서 붓으로 승리했던 것이다.

그의 싸움이란 물질에 대한 사상의 싸움이었고, 편견에 대한 이성의 싸움이었으며, 부정에 대한 정의의 싸움이었다. 그는 약한 사람들에게는 따뜻한 애정을 쏟으면서도 강한 자들에게는 영웅적인 분노를 터뜨리는 것이었다.

밀턴은 『실낙원』에서 "남자는 사색과 용기를 위해, 여자는 유화柔和와 우아優雅를 위해 만들어진다."고 했는데, 사색과 용기건 유화와 우아건 간에 멋을 지니기 위해서는 우선 여유 있는 마음 자세가 요구된다.

여유가 없는 곳에 멋은 존재하지 않는다. 아무리 가난할지라도 정신이 기름끼 감도는 풍요 속에서는 멋이 살아날 수 있지만, 풍요한 물질 속의 정신적 황폐에서는 멋이 살아날 수가 없다.

세속적인 싸움과 싸움, 전진과 전진, 오로지 승리만을 외쳐대는 구호 속에서 멋은 살아나지 않는다. 아무리 치열한 격전지에서도 잠시 쉬는 시간을 이용해서 춤과 노래로 오락을 즐긴다.

사람이 멋을 지니기 위해서는 풍류라든지 풍자가 있어야 한다. 우리의 조상들은 비판이 깔린 익살의 멋, 풍자의 멋을 지녔다. 그렇기 때문에 죽음 앞에서도 초연할 수가 있었고, 뿌리 깊은 한을 춤과 노래로 승화시킬 수 있었다.

우리의 선비들이 그러했던 것처럼, 저 러시아 유형의 시인 만델슈탐은 자기가 미친 게 아니고 시대가 미쳤다고 통

박했다.

그는 권력의 힘에 죽임을 당하면서도 권력이 시인을 죽이는 것은 진실의 시가 두려웠기 때문이라고 하면서, 권력이 시인을 두려워하지 않았다면 권력이 시인을 죽여야 할 까닭이 없다고 했다. 권력으로부터의 죽음 앞에서도 시의 진실을 토로한 만델슈탐은 확실히 멋있는 사람이다.

그런데 이 멋이라고 하는 것은 정신적 인격의 소산으로서 온몸에서 우러나는 것이어야 하기 때문에 겉치장을 해서 멋 부린다고 되어지는 성질의 것이 아니다.

물론 사람에 따라서는 지성의 멋, 유머러스한 멋, 깔끔한 멋, 인자한 멋, 근엄한 멋, 자상한 멋, 시원스런 멋, 군자적인 멋 등등 다양한 멋이 있을 수 있지만, 이런 것들도 인품과 관계되어 있기 마련이다.

우리가 자기의 개성적인 멋을 지니기 위해서는 우선 세속적 현실을 초탈하는 정신의 고상함을 지녀야 한다. 현실적이고 세속적인 이해관계를 떠난 품격을 지녀야 한다.

자기 자신 출세나 명리를 위해서 염치도 체면도 없이, 그리고 의리나 지조를 헌신짝 팽개치듯 내어 팽개치고는 눈치만 살아서 아부하는 사람에게는 멋이 살아날 수가 없다.

우리는 쌀 다섯 말 때문에 자기의 지조를 꺾을 수 없다고 하루아침에 팽택령을 헌신처럼 내어 팽개치고 귀거래사를 읊으면서 전원으로 돌아간 도연명의 멋을 알아야 한다.

그리고 다음과 같은 야부도천冶父道川의 시세계에서 마음의 평안을 누릴 수도 있어야 한다.

죽영소계오부동 竹影掃階塵不動
월천담저수무흔 月穿潭底水無痕

대 그림자 뜰을 비질하고 있다.
먼지 하나 일지 않는다.
달이 물밑을 뚫고 있다.
수면에 흔적 하나 남지 않는다.

선禪의 심오한 경지요 정靜의 극極이다. 참으로 멋이 무엇인지 조차 모르는 현실, 전자오락실에서나 당구장, 극장 등지에서 겉멋에 건들거리는 젊은이들이 이처럼 심오하면서도 고요한 경지를 알 까닭이 없다.

사람들이 사람들을 효과적으로 죽이기 위해서 제멋대로 핵무기를 양산해 내는 이 인간들의 세상이 정말 고삐 풀린 망아지처럼 나대고, 미친 여자 널뛰듯 하는 속에서 자기 인격을 도야해 가면서 속멋을 갖추어 간다는 게 그리 쉬운 일은 아니다.

그렇다고 해서 아무렇게나 흘러갈 수는 없다. 흘러가는 물에 떠내려가는 고래가 되어서는 안 된다. 폭포를 타고 솟아오르는 피라미가 되어야 한다. 참으로 멋있는 인격에서 나오는 멋있는 말씀이 아닐 수 없다.

멋있는 사람……. 나는 요즈음 멋있는 사람에 대한 매력 같은 것을 느낀 나머지 주변의 얼굴들을 떠올려 볼 때가 있다. 멋있는 사람, 정말 되뇌어보면 되뇌어볼수록 매력이 느껴져 오는 말이다.

매력이 느껴져 오는 말……, 그것은 마치 모시옷을 입고 저만치 앞서 가는 선비와도 같은 모습으로 나타났다가는 말달리는 선구자처럼 그리움이 되어 거친 꿈을 잠재우고 또 가꾸는지도 모른다.

어떠한 가정이건 사회건 국가건 간에 멋있는 사람이 요구된다. 멋있는 사람은 그 환경을 유머러스한 분위기로 바꾸어놓기 때문이다. 그것은 쟁투와 도전을 해학적인 미소로 뛰어넘는 슬기를 지니고 있기 때문이다.

더 나아가서는 인류 역사가 무수한 파란곡절을 겪어 오면서도 바른길을 벗어나지 않았던 것은 멋있는 사람이 끊임없이 이어져 왔기 때문이 아닌가 한다.

귤밭 울타리처럼

　　　　　　　　가을도 다 가고 겨울로 접어들었
구먼요. 겨울도 깊을 대로 깊어가고……. 계절도 깊어지면
인생도 맏드는 갑소. 아침에는 투명한 햇살이 환장하게 눈
부시더니, 일락서산日落西山 해떨어진개 바람이 쌀쌀허고
워쩐지 최요옹허요. 요롷게 최요옹헌 날 밤은 저 구름 속의
달을 보고 울고접끄만요. 백택없이 울고접꾸만요.
　나이가 들면 홍시처럼 익는 갑소. 워쩐지 식구들이 보고
접고 짜안스러운기 요상스럽구만요. 부모님 잔칫상에 올
랐던 그 은행이 싹이 나고 자란 세월만큼이나 인생의 강물
도 은밀히 흐르는 갑소. 오수교회의 은행나무는 굉장히 자

랐겠지러. 국제축복 받은 이장로님 손자손녀들도 잘 자라고 있겠지러.

　가정의 울타리가 되어 바람을 막아주는 가장을 중심으로 귤나무같은 가족들은 오순도순 꽃피고 열매 맺으면서 탄소동화작용을 벌이겠지라우. 가정의 바람막이 울타리나무들은 해풍에 시달려 까칠하면서도 주렁주렁 열린 귤감 새끼들 보는 재미에 늙는 줄도 모른다고 안그러요.

　축복받고 시골 사는 동경댁 성공했다 안 그럽디어? 중풍으로 누워계신 시아버지를 워떻게 모셨던지 동네방네 소문이 퍼져서 효행상을 받았다고 안 그럽뎌?

　나도 벌써 가을 가고 겨울이오. 인생의 강물도 흐르는 것 아니겠소? 우리도 정답고 꽃답게 흘러가야 안 쓰겠소? 수심강정이라는 말뜻이 깊다 안그럽뎌? 깊은 강물은 고요하다고 안 그럽뎌?

　나도 그 강물맹키로 최요옹해지고 싶은 걸 보면 철이 들란갑소. 아들아이 어릴 적 그놈하고 뒹굴면서 레슬링도 하고 권투도 할 적에 얻어맞은 옆구리가 으스러지게 아프면 아플수록 마음속 밑바닥에서부터 스멀스멀 일어나는 기쁨덩어리에 결리는 줄도 모르고 노루맹키로 고롷게 백택

없이 캑캑 웃었쌈선 좋아라고 그렸구만요.

불효부모사후회不孝父母死後悔라 안 그럽뎌? 달이 새털구름 속에서 나오는구먼요. 워찌보면 이장로님 얼굴 같고, 동경댁 얼굴 같고, 떡두꺼비 같은 3세 아이로 보이는구먼요. 이 섣달엔 고향의 고샅고샅 다듬이질소리 한창일텐디 오새는 워쩌까. 은대야에 비친 하늘에는 산월産月이 뜨것제.

부디 몸 조심헤겨요. 건강이 제일이라 안 그럽디어? 오늘은 사투리로 줄이겠끄만요.

서울 귀뚜라미

　　　　　　귀뚜라미는 원래 시골에서 서식했다. 시골의 귀뚜라미는 풀숲에서 울기도 하고 툇마루나 장롱 틈서리 같은 데서 울기도 하였다. 그러던 귀뚜라미가 고향을 버리고 상경하는 시골 사람들처럼 도시로 도시로 옮겨와서 서식하게 되었다.

　그리하여 오늘의 서울 귀뚜라미는 풀숲이 아닌 현대문명의 앙상한 뼈다귀에서 서식하게 되었다. 따라서 서울의 귀뚜라미는 구공탄 창고나 목욕탕, 서재 할 것 없이 도처에서 울게 되었다.

　옛날 남도의 우화성 민요에는 귀뚜라미가 톱을 가지고

추야장秋夜長 독수공방에서 님을 기다리는 처자낭군 애(창자) 끊으려 한다고 했다. 그래서 귀뚜라미 우는 소리를 단장斷腸이라고, 애끓는 톱소리를 연상하지 않는가. 단장의 가을하면 생각나는 게 귀뚜라미이고, 옛부터 귀뚜라미는 톱으로 애간장(창자)을 끊는다고 했으니 창자가 끊어지는 듯한 슬픔을 귀뚜라미는 끈질기게도 순수시음으로 토로해 온 셈이 된다.

그런데 이 단장의 가을을 더욱 가을답게 하는 단장의 귀뚜라미는 순수하면서도 참여의식이 강하다. 귀뚜라미는 시골이 아무리 도시의 끝이 되는 변화된 환경 속에서 살아간다 할지라도 소리만은 변함이 없이 제소리를 그대로 내고 있다. 옛글에 동천년로항장곡洞千年老恒藏曲이라 했다. 오동나무는 천 년을 늙어도 그 소리는 변함이 없다고 했다. 변하는 것 속에서 변하지 않는 것, 여기에 본연의 순수가 있지 않을까.

귀뚜라미는 참여의식이 강해서 적응을 잘한다. 풀숲이 없어도 잘 견디면서 살아간다. 그러면서도 본디의 제 소리를 잃지 않는다. 그러므로 그는 순수와 참여를 동시에 조화하고 있는 셈이다.

그런데 사람들은 대부분 그렇지 못한 것 같다. 시골 사람이 도시에서 살면 도시인이 되어 버리고 만다. 어찌 어찌하다가 돈이라도 거머쥐게 되면 겉멋이 들어서 건들거리기를 잘한다.

여기에 문제가 있다. 남들이 돈돈돈 하니까 나도 돈돈돈 하고, 남들이 혀 꼬부라진 소리를 내니까 나도 혀 꼬부라진 소리를 내는 그 희미한 생각에서는 순수할 수 없고 참여할 수 없다.

가까운 일본에만 가보더라도 과거의 전통과 미래의 비전을 동시에 수용하면서 살려고 노력하는 것을 도처에서 보게 된다. 농업이 발달되어 수익이 높은 농촌에 초가가 있는가 하면, 3천 년 뒤 후손들이 열어보도록 박람회 전시품을 저장해 놓은 곳도 있다.

과거와 현재와 미래, 이 역사적 시간의 흐름이 어떤 획일적 사고에 의해서 초래되는 단절은 불행을 가져오게 된다. 물론 냉정한 국제사회에서 살아남기 위해서는 강력한 힘이 우선적으로 뒷받침되어야 함은 말할 나위도 없다. 그러나 힘이라고 하는 것은 물질적인 힘만을 의미하는 것은 아니다. 건전한 정신의 힘도 동시에 요구된다.

건전한 정신의 힘, 그것은 모유와 우유의 차이와도 같다. 모유에는 우유 속에 포함되어 있지 않은 글로블린 A라는 저항 성분이 있는데, 이러한 성분 같은 게 우리 사회에는 요구된다.

어머니가 아기에게 젖을 먹일 때와 같은 그 사랑의 마음이 결여되어 있기 때문에 몇 백 년은 고사하고 몇 십 년도 못 넘기는 건물을 세우는가 하면, 터널을 비좁게 뚫기도 한다. 이는 무엇보다도 아이들(후손)의 미래를 위하는 미래 의식이 희박하기 때문이다.

미래 의식이 희박하기 때문에 서울은 당뇨를 앓고 있다. 아무리 열심히 먹고 마셔도 살이 오르지 않는 당뇨병처럼, 도시는 파고 세우고 또다시 뜯고 세우는 작업을 되풀이하는 게 아닌가.

도시는 도시다워야 하고 시골은 시골다워야 한다. 시골을 도시의 끝으로 만들어 버리면 시골은 남지 않는다. 시골이 없는 도시, 전국이 도시화된다고 생각해 보라. 지금도 숨이 막히는데 백 년 후 천 년 후에 우리 후손들은 어디서 휴식을 취할 것인가. 기계들만 모여 사는 사회라면 세상이 온통 도시화되어도 상관없지만, 인간들이 사는 사회란 그렇게 단순하지 않다. 더러는 초가집이라든지, 그 지붕 위의 박꽃도 아기 밴 박도 필요한 것이다.

그러므로 시골의 도시화 과정에 있어서 범하기 쉬운 어떤 생활문화재의 말살로 인한 한국적 순수정서의 단절을 염려하지 않을 수 없다. 따라서 도시화에 따른 방안은 성급히 결정할 일도 아니요, 불도저 내몰 듯 그렇게 밀어 붙일 일도 아니다. 나는 서울 사는 귀뚜라미에 비유된다. 귀뚜라미처럼 나도 참여의식이 강하지만 이 절규를 들어주는 사람이 없다면 소리는 더욱 공허해질 것이다.

제5장
눈꽃 속에 꽃피리

삼동三冬 가시나무 꽃
- 바람직한 어머니상 -

바람직한 어머니상을 얘기하라면 율곡 선생의 어머니나 한석봉 선생의 어머니를 예를 들면서 그 현대적인 해석을 내려 볼 수도 있겠지만 나는 구태여 그럴 필요를 느끼지 않습니다. 나는 차라리 관심되어지는 한 가지 얘기만을 깊여 가고자 합니다. 이 한 가지 얘기란 바로 편안함을 주는 어머니에 관한 얘기라 할 수 있겠습니다.

바람직한 어머니상을 얘기하기 위해서는 우선 과거의 어머니와 현재의 어머니를 먼저 비교해 보는 것도 재미있는 순서일 것 같습니다.

저는 옛날의 어머니와 오늘날의 어머니를 시골의 귀뚜

라미와 도시의 귀뚜라미로 대비시켜 연상해 봅니다. 시골의 풀숲에서 서식하는 귀뚜라미와 도시의 아파트라든지 구공탄 창고 속의 귀뚜라미를 대조해 봅니다. 여기에서 우리는 귀뚜라미의 순수성과 참여성을 생각해 볼 수 있겠습니다. 이것은 변화된 환경 가운데 적응하는 참여성과 함께 본연의 소리를 그대로 지니고 있다는 그 순수성을 가지고 하는 말입니다.

이 귀뚜라미 얘기와 마찬가지로 어머니 역시 변화된 환경에 적응해 가면서도 본연의 순수성을 잃지 말아야 할 줄 압니다. 역시 어머니의 모습도 시대와 환경에 따라서 달라져 왔습니다. 물론 어떠한 본능이라든지 본질적인 욕구는 불변의 것이지만, 그 대체적인 모습이 달라져 온 게 사실입니다. 어머니의 인상이 달라지지 않을 수 없는 것은 그 어머니 역시 어떤 독립된 존재가 아니라 남편의 아내로서의 역할과 시부모의 며느리로서의 역할이 시대적 환경에 따라서 크게 영향되어 달라지지 않을 수 없기 때문입니다.

나는 여기에서 잠깐 과거를 돌아보고 어제의 어머니에게서 찾을 것과 버릴 것을 가름하면서 오늘에 있어서의 어머니상을 모색해 보고자 합니다.

과거의 어머니는 대체적으로 생활의 터전이 농어촌이었던 까닭에 일정한 곳에서 시부모를 모신 가운데 생활하게 되었습니다. 지난날 아이들의 눈에 비친 어머니는 능력이 없어 보이고 촌스럽긴 해도 매우 유순한 어머니였습니다.

어른들 층층시하에서 기를 펴지 못했다 할지라도 정이 많은 어머니였습니다. 내 추억 속의 필름 가운데에는 돌을 구워 주시던 어머님이 계십니다. 추운 겨울날 아침을 지으실 때는 으레껏 아궁이에서 구워 낸 돌을 헝겊에 싸서 학교 갈 때 주십니다. 저는 그 돌을 받아 들고 등교를 합니다. 교실에서는 발밑에 놓고 공부를 합니다.

지금도 그 돌의 온기가 어머니의 사랑처럼 느껴져 오는 듯합니다. 과거의 어머니들은 어떤 한恨이라든지 시름을 물레질로 풀며 스스로 달래기도 하였습니다. 잠이 오지 않는 밤엔 물레틀 앞에서 시름을 감아 돌리곤 했습니다. 달달달달 다르륵 하고 감겨 우는 그 소리는 어머니의 아픔을 상징적으로 대변하지 않았나 생각됩니다.

편안함을 주는 어머니

오늘날에 와서는 사회 환경이 대단히 복잡해져서 어머니의 역할이 증대됨에 따라 능력 있는 어머니, 세련된 어머니로 돋보이게 되었습니다. 모르는 것이 많은 아버지에 비하여 아는 것이 많은 어머니로 보이게끔 되었습니다. 아이들이 무얼 묻게 되면 피곤하니 어머니에게 물어보라 하고 자리에 누워버리는 아버지에 비하여, 숙제도 도와주고 말벗도 되어주는 능력의 어머니로 보이게끔 되었습니다.

여기에서 능력이라는 말은 지식이나 물량, 즉 돈과도 통합니다. 아이가 추위에 떨까 봐서 돌을 구워 주는 어머니가 아니라 돈에 관심이 많은 어머니, 그리고 아이들에겐 돈으로 선심 쓰는 어머니가 되었습니다. 치열한 경쟁사회에서 낙오되어서는 안 된다고 하는 현실 의식과 합리적 사고에서 자신을 낭비하거나 손해 보지 않으려는 데에서 오는 몰인정을 보게도 됩니다.

어머니에게 생활비를 주는 이는 아버지임에 틀림이 없지만 어머니는 아이들에게 직접적으로 영향을 크게 미치는 입장에 있으므로, 어머니의 역할 여하에 따라서 아이들이 크게 피어날 수도 있고 작게 오그라들 수도 있게 되어 있습니다.

이러한 시대의 사회적 여건 하에서 바람직한 어머니상을 찾자면 무엇보다도 우선 쉬운 말로 편안함을 주는 어머니에게서 찾아야 한다고 생각합니다. 내가 생각하는 어머니상은 욕설을 할 줄 모르는 어머니, 선량하고 부드러운 말로써 모든 사람에게 편안함을 주는 어머니입니다. 이것은 어머니로서 첫째가는 후덕이라 할 수 있습니다.

말은 그 사람이 지닌바의 인격의 표현인 까닭에 마음의 정화 없이 말의 정화가 있을 수 없고, 말의 정화 없이 가정의 정화가 있을 수 없으며, 가정의 정화 내지 화목이 없이는 국가 사회의 화평도 있을 수 없다는 것은 지극히 당연한 귀결입니다. 따라서 사랑스런 말로써 상대방에게 편안함을 주는 어머니는 가장 훌륭한 역할을 해내는 어머니라 해도 과언이 아닙니다.

어머니의 편안함이라 하는 것은 나무의 그늘과도 같고 꽃의 향기와도 같은 것입니다. 뙤약볕에 지친 새가 숲 그늘로 날아들 듯, 가녀린 나비가 꽃을 찾아 날아들 듯, 아이나 어른 할 것 없이 가정의 구성원들은 어머니라고 하는 모성이 드리우고 있는 가정의 그늘로 돌아와 편안하게 휴식을 취하고 싶어 합니다.

그런데 자기와 인연된 사람들에게 편안함을 주기가 그리 쉬운 일은 아닙니다. 남에게 편안함을 주기 위해서는 자기가 아파야 하기 때문입니다. 상대방으로부터 오는 아픔을 감수해야 하기 때문입니다. 쓰라린 아픔을 참고 견디어야 하기 때문입니다. 자기의 양보, 자기의 희생이 없이는 상대방에게 편안함을 줄 수는 없기 때문입니다.

병아리와 닭의 상징적 의미

　　　　　　그렇다면 어떤 어머니가 상대방에게 편안함을 줄 수 있게 되는 것일까요. 그리고 상대방에게 불편함을 주는 여성은 어떤 여성일까요. 단적으로 말해서 자기중심적인 사람과 자기희생적인 사람으로 가름할 수 있겠습니다. 상대방에게 편안함을 주는 사람은 상대방의 처지가 되어 주는 사람입니다.

　외국의 어느 어머니가 자기 자식에게 하던 말이 생각납니다. 그 어머니는 자식에게 "너는 이 어미처럼 눈이 어두운 사람도 보다 밝은 불빛 아래서 바느질을 할 수 있도록 도와주는 전기 기술자가 되라."고 했다 합니다. 그런데 우리

나라의 경우엔 대개 무조건 너는 장차 무슨 무슨 높은 사람이 되라는 식입니다.

며느리가 시부모의 처지가 되어 준다면 양로원으로 보낼 수 없고, 남편의 입장이 되어 준다면 바가지를 긁을 수 없으며, 자녀들의 입장이 되어 준다면, 춤바람에 놀아날 수가 없습니다.

"여보, 우리도 20억짜리 아파트로 이사를 해요! 친구 명희네는 20억짜리 호화아파트에다 외제 승용차도 굴린대요! 우리도 친구들처럼 왜 못 살아요! 왜 못 살아욧!"

이런 식으로 바가지를 긁는 여성은 남편을 불편하게 할 뿐만 아니라, 남편으로 하여금 빚더미에 짓눌려 죽을 지경으로 만들고, 자칫 잘못하다가는 쇠고랑을 차게도 하는데, 이러한 여인을 어머니로 둔 어린이 역시 마음이 편할 리가 없습니다.

나는 여기에서 어느 철인哲人이 갈파한 내용으로서, 병아리와 닭을 예로 들어 말씀드리고자 합니다. 원래 병아리는 부리도 귀엽고 깃털도 보기에 좋았었습니다. 그런데 닭이 사는 과정에 있어서 모이를 먹기 위해 거름자리를 후비는 동안에 부리와 발톱은 날카로워지고 깃털은 퇴색되었습니다. 먹고 살기 위한 수단이 본질을 밀어낸 것입니다.

여성이 지닌 잠재력을 효과적으로 활용하지 못하게 될 때 그 사회는 썩게 됩니다. 흐르지 않는 물웅덩이가 썩는 것과 마찬가지로, 손톱에 매니큐어나 바르고 안일무사하기만을 바란다면 그의 정신은 썩기 마련입니다.

안개

나는 안개를 좋아한다. 안개 하면 정말 어쩐지 좋다. 어쩐지 좋기 때문에 두고두고 영원히 좋아하는 것으로 생각된다.

야간열차를 타고 귀향이라도 하게 되는 경우, 새벽녘이 가까워 올 무렵 산안개는 허연 바위덩이처럼 뭉실뭉실 굴러 내리기도 하고 둥실둥실 피어오르기도 하는 것이었다.

내가 앉아있는 차창車窓께로 달려 내려오는 안개, 그것은 신의 신비로운 베일이었다. 그 베일 저쪽에 한없이 신비로운 신의 섭리가 전개되는 것을 예감할 수 있었다.

안개의 저쪽을 생각하게 되는 자연에의 상상력이란 무

한하다. 안개에 가리운 산, 안개에 허리를 휘감기운 산은 무수한 동식물을 거느리고 있다. 그리고 청춘의 만남이 있고, 전쟁의 상처가 있다.

청춘남녀가 원시적인 사랑으로 출렁이는 꽃물결이 있고, 뭉개진 풀잎들이 있는가 하면, 녹슨 따발총이 있고, 해골바가지가 있으며, 여기저기 흩어진 뼈다귀들이 있다. 전쟁이 휩쓸고 지나간 산악엔 군화, 수통, 탄대, 반합, 그리고 검게 그을린 돌멩이가 있다.

이러한 사물에서는 역사의식이 꿈틀거리기 마련이다. 안개로 가린 산에는 해묵은 봉화 둑이 있고 썩어 내린 짚신과 깨어져 나간 징조각이 있다. 그래서 안개는 수많은 상처를 우유 빛깔로 감추고 의연히 흐르는 신비의 영상을 이룬다. 그것은 복합적 이미지를 거느린 어머니의 영상이다. 그래서 안개는 언제나 말이 없다.

물안개는 선녀처럼 신비로운 여성미를 드러내면서 피어오른다. 물안개를 보고 있으면, 안개 저쪽의 여인이 꿈틀거린다. 안개 속처럼 아슴프레한 의식 속에서 떠오르는 기억, 그것은 유년 시절을 더듬어 찾아가는 의식의 촉수요 꿈길이다. 이처럼 꿈길로 가는 파라다이스는 어쩐지의 영상을 부채질한다.

    툇마루에서 석정石庭을 바라보는
    가슴에는 물이 오르네
    물이 찰찰 넘쳐 흐르네
    햇살은 새와 함께 지저귀고
    구름은 바람을 재우네
    내 항상 얼싸안은 하늘
    텅 빈 가슴에 물이 오르네
    돌담 기와가 춤추네
    마당은 초록빛
    모래 물결 남실 남실
    가슴 찰찰 넘쳐 흐르네

    이렇게 한나절 걱정없이
    툇마루에 앉아서
    석정을 바라보면
    등 뒤 산수화엔 안개가 피어
    겨드랑이로 골짜기로
    굼실 굼실 휘감아 내리네

    이렇게 나도 모르게
    나를 휘감아 도는 것은

무아인가 선경仙境인가
나는 아무 걱정도 없네

다사로운 햇살을 가슴으로 받으며
꿈을 꾸듯 앉아 있으면
내가 사는 곳은
이승인가 저승인가
내 가슴 계곡溪谷엔 안개가 내리네
안개속 돌돌돌 물이 흘러 내리네

- 자작시 「꿈길로 가는 파라다이스」

일본 용안사의 석정石庭에서 쓴 시이다. 뒷벽의 산수화에서 피어오르는 안개가 지금도 눈에 선하다.

내 가슴속에는 안개 속에서 보이는 소녀가 있다. 뿌우연 안개 속에서 꿈길처럼 찾아오는 소녀, 그녀 이름은 화자花子였다. 지금 이 세상 어디엔가 살아있다면 35~36세 내지 37~38세쯤은 되었을 것이다. 그러니까 그녀는 아마도 1944年에서 1941년 사이에 태어났을 것이다.

그녀는 부모를 잃고 고모집엔가 와 있었기 때문에 울기를 잘했다. 우리는 서로 이웃에서 살았기 때문에 사이좋은 소꿉동무가 되어 있었다.

그 당시에 내 나이는 5-6세쯤 되었을 것으로 여겨진다.

우리는 소꿉질을 곧잘 하였었다. 호박이 주렁주렁 열리고, 호박꽃이 피어있는 울타리 아래서 살림살이를 하는 것이었다. 그녀는 공주가 되고, 나는 왕자가 되는가 하면, 그녀가 어머니가 되면 나도 아버지가 되어서 깨가 쏟아지게 살림을 꾸려가는 것이었다.

우리는 멍석자리 위에 사기그릇 깨어진 것이나 꼬막 껍질 등속을 진열해 놓고는 어른들의 살림살이를 모방해 보이는 것이었다.

내가 날라다 준 호박잎이나 호박꽃 등을 썰어 가지고 흙과 함께 버무려 놓고서는 이것은 밥, 이것은 국, 이것은 반찬 이렇게 지정해 가면서 어른들의 생활을 그대로 흉내 내는 것이었다.

우리는 밤이 왔다고 하면서 멍석자리에 누워서 베개를 두드리며 자장자장 우리아기 잘도 자지 하다가는 눈을 감고 자는 시늉을 했고, 벌써 아침이 되었다고 꼭기요오- 하고 닭울음을 흉내 내면서 깨어나서는 세수하는 흉내를 내고는, 불때솔때 불때솔때를 되풀이하면서 밥을 지어가지고 그녀가 차려오면은 우리는 서로 킥킥 웃으면서 꼬막 껍질에 담긴 흙에 버무린 호박꽃 따위를 입 가까이 가져가서는 냠냠냠냠하고 먹는 시늉을 하는 것이었다.

이러한 일이 끝나게 되면 나는 그녀에게 아기(우리는 베개를 아기 대용으로 사용하였음)를 업혀 주어야 했고, 그녀와 함께 신을 신고 마당을 이리 저리 돌아다니면서 찬거리가 될 만한 풀이라든지, 그릇으로 쓸 수 있는 유리조각이나 사금파리 같은 것을 주워 오는 것이었다.

소꿉놀이란 자꾸 반복되기 마련인데, 그것도 자꾸 되풀이하게 되면 싫증이 나기 마련이었다. 우리는 냠냠냠냠 하고 먹는 시늉만을 되풀이했을 뿐 실제로 먹지는 못했기 때문에 그 먹는다고 하는 관념과 행위 때문에서인지 배가 빨리 고파왔다. 그래서 우리는 들녘에 나아가서 삐비도 뽑아먹었고, 꽃잎도 따먹어 보았다.

그런데 어찌 된 일인지, 꽃잎은 따먹으면 따먹을수록 입 안이 텁텁하고 머리가 어지러울 뿐 배는 더 고파오는 것이었다.

그녀는 언제나 나보다 먼저 심드렁해졌고, 때로는 울기도 잘했다. 그러는 동안에 한 해 두 해 세월이 흘렀다. 나는 학교를 다니고 있었으나 그녀는 학교엘 보내 주는 이가 없어서 다니지를 못하고 있었다.

그녀가 우리 집으로 놀러 오게 되면 아름다운 목소리로 노래를 곧잘 불러주는 것이었다. 그녀는 어디서 누구에게 배웠는지, 학교에서는 전혀 들어보지도 못한 노래를 하는 것이었다.

어머니 아버지 저기 보셔요
저 건너 아이들을 바라보셔요
검정치마 흰 저고리 책보를 끼고
학교에 가는 것이 부러워요

그녀는 어린 나이인데도 고모에게서 심한 꾸중을 들어야 했다. 그녀가 부엌에서 심부름을 하다가 잘못하여 접시라도 깨게 되는 경우에는 모진 매를 맞으면서 욕을 먹게 되는 것이었다. 어느 날, 사기그릇을 깨고 호되게 당한 그녀가 어디론지 집을 나간 날부터 나의 소꿉놀이는 흐지부지해지고 말았다. 세월이 약이라는 말이 있듯이, 세월 따라 나는 그녀를 쉽게 망각했지만 너무도 많은 시간이 흘러간 오늘날에 와서는 쫓겨나다시피 해서 집을 나갔었던 그녀의 안부가 궁금하기도 했다.

나는 세상을 살아가다가도 문득, 그녀가 그리워질 때가 있다. 나의 상상의 날개 속에서는 이미 그 얼굴의 윤곽마저도 흩어져 버린 지 오래 되었으나 그녀가 그리워지고 보고 싶어질 때가 있는 것은 웬일일까. 그것은 그녀가 너무도 불쌍하기 때문이겠지만, 그것만은 아닐 것이다. 어쩌면 그것은 잃어버린 순수의 세계가 찾아지는 심리적 욕구일지도 모른다.

그러나 그녀를 다시 만나는 일은 현실적으로 불가능하다. 만일에 그것이 가능하다고 하더라도 그때 나는 두려워할 것이며, 어쩌면 재회를 회피할지도 모를 일이다. 왜냐하면 내 관념의 세계에 있어서 안개 저쪽을 관조하는 그 미적 상상의 세계가 부서질 수 있기 때문이다.

이 어려운 세상, 살기 힘든 세파를 헤쳐 오는 동안에 때묻을 위험성이 짙기 때문이다. 이것은 단순한 회피가 아니다. 그녀와의 아름다운 유년기의 추억을 값진 원형 그대로 보존하고 싶은 나의 미의식에의 강한 욕구 때문이리라.

안개, 그것은 여성적인 영상이다. 그것은 비밀스런 것이면서도 모든 것을 간직하는 신의 계시적인 율동이다. 그것은 대자연의 춤이기 때문에 사람들을 더욱 매혹시킨다. 그것은 선명하게 드러내 보이다가도 미묘한 몽환夢幻의 세계로 안내하는 마력을 지니기도 한다. 안개, 그것은 어쩐지의 영상으로서 뿌우연 관념의 유방을 거느린 대자연의 풍만한 어머니의 훈김 같은 것이다. 밤마다 아기에게 세 차례씩 전해 간다고 하는 어머니의 그 훈훈한 안개 말이다.

염소

 농촌에서 자라던 어린이들은 으레 가축을 좋아하기 마련이다. 나 역시 가축을 무척 좋아하였다. 물론 염소나 토끼같이 순한 가축뿐만이 아니라 산이나 들을 쏘다니면서 산토끼를 잡는다든지 종달새 알을 찾는 데에도 깨가 쏟아지는 재미를 맛보기도 하였다.

 그러나 이러한 것은 일상적인 일과가 될 수는 없었기 때문에 특별히 기회가 있을 때 한해서만 행하여지게 되어 있었다.

 나의 경우, 초등학교 시절에는 주로 토끼를 길렀고, 중학교 시절에는 염소를 길렀었다.

토끼는 번식률이 높아서 한 자웅의 토끼로 시작하여 백여 마리까지 번식시켜서 사육한 일도 있었다. 토끼를 기를 때의 즐거웠던 시간을 든다면 먹이를 주는 시간과 새끼를 낳기 시작할 때라고 말할 수 있을 것이다.

토끼가 아카시아 잎사귀를 삭삭삭삭 소리를 내면서 먹어 재끼는 것을 볼 때라든지, 새끼를 낳기 위해서 털을 소보록히 뽑아서 자리를 만드는 광경이란 그렇게 신기할 수가 없고 귀여울 수가 없다.

그러나 즐거운 일만 있는 것은 아니다. 새끼들이 꼬물꼬물 꿈틀거리는 모습은 그렇게 귀여울 수가 없지만, 그것은 번식률이 높은 장점을 지니면서도 사망률도 높은 단점을 지니고 있기 때문이다.

그렇기 때문에 여름 장마철이 되면 식중독에 각별히 주의하지 않으면 안 된다. 되도록 물기를 제거해서 건조한 것을 주어야 했다.

그다음으로 좋지 못한 일이란 도둑을 맞는 일이었다. 그러한 사람이나 그 일을 가리켜서 지금은 서슴없이 도둑이라고 하지만 그 당시만 해도 인심이 약간은 후한 기가 남아 있어서 '토끼 서리'라는 말로 대체되어 사용되고 있었다.

그래서 토끼를 훔쳐간 사람이 알려지게 된다 하여도 아는 듯 모르는 듯 지나가기 마련이었다. 이러한 일로 해서 법적으로 처벌을 받는 일이란 별로 없었으므로, 사랑방에 모여 앉아서 밤늦도록 새끼를 꼰다거나 멍석을 만들면서 이야기꽃을 피우다가도 속이 출출하여 뭐가 먹고 싶어지면 '닭서리'니 '토끼 서리'를 모의하여 해내는 것이었다.

이처럼 서리를 해먹는 일이란 장난기가 짙은 청년층이었다. 그들은 한참 팔팔한 때이므로 담력도 큰 데다가 의기도 양양했다. 그들은 야간정숙보행훈련이라도 하듯이 살금살금 접근하여 닭이나 토끼가 소리를 내지 못하도록 기술적으로 잡아내오는 것이었다.

나는 나의 토끼를 어느 집 사랑방에서 누구누구가 모의하여 잡아다가 먹었는지에 대해서 소상히 알고 있었지만 모르는 체 눈감아 주고 마는 것이었다.

왜냐하면 이러한 일이란 불량하긴 해도 떼 지어서 남의 물건을 훔쳐 먹는 장난에 지나지 않기 때문에 범죄라고 하기에는 좀 모자라는 구석이 있기 때문이었다.

그 동기가 장난질로 시작된 것을 가지고 폭로하여 큰 죄나 지은 것처럼 불려 다니다가 평생을 절도범으로 낙인찍을 수는 없는 노릇이기 때문이었다.

　세월은 바야흐로 무수한 이야기가 망각되어 가기 때문에 그 가운데에서 잊혀지지 않는다만 한 조각만의 이야기라도 남겨두고 싶다. 그러니까 그것은 중학교 시절에 겪은 일로서 염소에 얽힌 얘기가 되겠다. 염소 이야기는 토끼나 닭을 훔치는 것과는 전혀 그 성질이 다르기 때문에 더욱 그렇다.

　나는 학교에 가는 길에 염소를 끌고 나가서 풀 많은 언덕에 매어두었다. 그리고 학교에서 돌아오는 길에 그 염소를 끌고 오는 것이었다. 이러한 일과가 반복되던 어느 날 염소가 없어졌다.

　분명히 언덕에 매어둔 염소가 없어졌던 것이다. 아무리 찾아보아도 염소는 없었다. 그날은 오수 장날이었다. 어른들의 의견을 종합해 본 결과 다음날에 장이 서는 임실로 가는 게 옳다는 것을 알았다. 어른들은 이튿날에 서게 되는 임실 장날에 그 염소를 팔러 나올 가능성이 있으니 임실로 가 보라는 것이었다.

　나는 애지중지 기르던 염소를 찾을 일념으로 이튿날 일찌감치 임실로 가서 시장으로 들어가는 길목을 지키고 있었다. 그런데 신기하게도 한 사내가 나의 염소를 끌고 오는 것이었다. 나는 그 사람을 불러 세우고 그 염소를 어디서 났느냐고 물어보았다. 그랬더니 그는 샀다고 대답하는 것이었다.

한쪽으로 약간 휘어진 바른편 뿔과 개에게 물려 찢겨진 귀, 그리고 흉터가 나 있는 목덜미께를 확인한 다음 그 염소는 분명히 나의 것이라고 주장했으나 그가 염소를 놓아주지 않기 때문에 나는 결국 그와 함께 경찰서를 찾아가게 되었다.

경찰서에서는 이상하게도 나에게 염소를 넘겨주지 않고 날짜만 질질 끌었다. 며칟날 오라고 해서 그날을 기다렸다가 가보면 또 다음 며칟날 오라고 돌려보내기를 거듭 되풀이하여, 나는 무력하게도 울며 겨자 먹기로 학교에 결석을 해가면서 여러 날을 시달려야 했다.

한번은 점심때가 되었는데, 염소를 끌고 온 사내가 경찰관에게 자그마한 귓속말로 때가 되었으니 점심이나 같이 하자고 하니까 그 경찰관은 나보러 돌아갔다가 사흘 지나 다시 와보라고 하면서 그 사내와 함께 밖으로 나가는 것이었다.

자기들은 나를 나이 어린 중학생으로 시원찮게 보고서 적당히 소곤거리고 눈짓하고 못이기는 척 따라 나가고 먹고 마시고 하였지만 나는 그들의 어설픈 수작을 하나도 놓치지 않고 빠짐없이 보아 왔었다.

　나는 그 경찰관이 지시한 대로 곱게 물러나왔다가 그 날짜에 어김없이 찾아갔다. 그런데 이상하게도(실은 이상할 것도 없지만) 그 경찰관은 엉뚱한 소리를 하였던 것이었다.

　그가 처음에는 분명히 내가 염소의 주인이며, 사내는 도둑물건을 산 자이기 때문에 염소는 마땅히 나에게 돌아올 것이라고 하면서 그렇게 알고 기다리라고 했었는데, 어찌된 일인지 똑같은 그의 입에서 염소는 사내의 차지로 돌아간다는 것이었다. 그렇게 결정이 내려졌으니 서운해도 하는 수 없다고 했다. 나는 하도 어이가 없어서 그 경찰관의 얼굴을 똑바로 바라보고 있다가는 나도 모르게 분노를 터뜨리고야 말았다.

　"……그래요? 나의 염소가 결국은 저 사람에게 돌아간단 말이지요? 좋아요! 나도 가만히 있지 않을 테니까 일이 어떻게 되는가 두고 보세요. 저 사람에게서 무얼 얻어먹고 그러는지는 모르지만, 나도 생각이 있어요. 저 사람이 도둑이 아니면 도둑물건을 시장도 아닌 장소에서 불법적으로 샀는 데에도 저 사람에게 넘겨준다면 오늘 당장 법원으로 올라가서 삼촌에게 일러바칠 테니 두고 봐요! 세상에 이런 엉터리가 어디에 있어요! 엉터리! 엉터리! 두고 봣! 두고 봐! 이 엉터리가 모조리 어떻게 되는가 두고 봣!"

나는 그 경찰관을 쏘아보면서 분노의 치를 떨었다. 그리고는 다음 순간 밖으로 나오려고 하는데, 그 경찰관이 내 손을 잡으면서 한결 부드러운 음성으로 얘기를 꺼냈다.

나는 그때까지도 가라앉지 않은 분노의 눈물, 억울한 눈물을 뚝뚝 떨구면서 경찰관의 이야기를 듣고 있었다. 그는 자기가 어떻게 힘을 써서 염소가 내 앞으로 돌아오도록 해 줄 테니 이튿날 한 번만 더 와 달라는 것이었다.

나는 마음속으로 엉터리다! 엉터리다! 하는 소리를 연발하면서 경찰서를 빠져나왔고, 그다음날은 어김없이 경찰서를 방문했다.

그런데 그 경찰관은 나의 염소이니 가져가되 그동안 사람을 사서 풀을 먹였으니 그 사육비를 내고서 가져가라는 것이었다. 그런데 그 사육비라는 돈의 액수가 엄청나게 많았다.

여러 날을 경찰서의 뒷마당 구석지에서 제대로 먹지 못하고 굶주림에 지친 염소는 형편없이 말라 있었다. 그런 데에도 불구하고 사육비라는 이름 좋은 명목으로 지불해야 할 돈이 나에게는 엄청나게 많은 것이어서 그 염소를 사는 가격에 맞먹는 액수였다.

나는 다시금 집으로 돌아와야 했다. 울며 겨자 먹기로 돈을 구해서 비싼 값으로 사육비라는 것을 지불하고는 다 죽어가는 듯이 쇠진한 몰골로 말라비틀어진 염소를 쓰다듬으며 억울한 눈물을 흘렸던 것이다.

나는 지금까지도 그 사내가 나의 염소를 훔친 도둑인지, 아니면 장물을 산 장사꾼인지 알지를 못한다. 그리고 그 경찰관의 일관성 없이 번복되는 판결(?)이 어떻게 이뤄질 수 있었는지에 대해서도 알지를 못한다.

다만 분명한 것은 그 사건으로 인해서 어른들의 옳지 못한 행위와 함께 경찰관은 엉터리라고 하는 고정관념이 내 가슴 뿌리 깊이 아픈 상처로 남아진 사실이다. 그것은 성형수술이 불가능한 흉터처럼 볼품 사납게 남아졌다는 사실이다.

내 고향 오수

어릴 적 보금자리는 임실군 오수면 오수리였다. 동으로는 잔잔히 흐르는 앞내물과 천황봉이 한눈에 보이고, 서로는 번쩍번쩍 빛나는 뒷내물과 신포정이 보였다. 남으로는 합수되어 흐르는 덤바위께의 물줄기와 삼계성문이 있고, 북으로는 팔공산줄기에서 내려온 안하의 12연봉으로 구풀거려온 북부산이 서 있다. 이와 같은 U자형의 지세는 이 고장 청년들이 공비를 막아내기에 좋은 곳이었다.

동후리 앞 켠의 논두렁이라든지, 웃몰방천은 아이들이 망월이 지르거나 쥐불을 놓기에 좋았고, 명자나 화자, 춘자, 순자등의 계집애들과 달래, 냉이 같은 나물 캐기에 좋았다. 앞내는 모래가 고와서 법수(고기잡는 유리병) 놓기에 좋았고 뒷내는 돌멩이가 많고 물살이 세어서 열낚시로 피라미 잡기에 좋았다. 그리고 합수정의 덤바위 밑으로는 독대(그물)로 양수래미 잡기에 그만이었다. 구릿빛 등살을 드러낸 채 엇! 붕어 붕어! 엇! 피리 피리! 하며 그물 밑이 묵근하도록 물고기를 몰아잡아 서늘한 숲그늘에서 천렵놀이를 하던 성곤이 종길이 만근이가 그립다.

학교 가는 길가의 논배미엔 자운영이 봄볕 끝에 피었지만 지금은 없다. 그 자운영으로 꽃목걸이 꽃시계를 만들어 목에 걸어주고 손목에 채워주며 부끄럼타던 그때의 가시내도 없다.

어쩌다 늦게 되면 동구 밖까지 나와 부르시던 할매의 목소리도 이제는 영영 들을 수 없게 되었다. 하얀 연기 얕게 깔리는 꿈속의 마을, 그 모깃불 쑥풀 냄새도 나의 현실이 아니다.

오수초등학교 학예회 땐가 "봄의 교향악이 울려 퍼지는 청라언덕 위에 백합 필적에……" 하고 〈사우〉를 노래하던 명자도 보고 싶지만, 이는 어디까지나 보자기로 구름 잡는 꿈꾸기에 불과하다.

꿈에 뜸부기가 울면 어머니의 씨아질 소리라든지 할머니의 물레소리가 더욱 그립다. 미영(목화) 밭에서는 해마다 이불솜이 나왔고, 원두막이 섰던 참외밭에서는 그 검푸른 바탕에 흰줄무늬 개구리참외가 그렇게 꿀맛일 수가 없었다.

내 늘그막엔 고향엘 찾아가리라. 옛날처럼 울타리 가엔 호박 심고 박 심고, 논에는 자운영, 밭에는 목화도 심으며 인정이 넘치게 살아보리라.

선인봉에 오르는 달

풍파가 심할 때는 물고기들도 물 밑에서 근신한다는 말이 있는데 나 역시 세상이 너무도 시끄러워서 조용히 은둔하기로 하였다. 그것은 지난겨울, 그러니까 1996년 12월 28일에 입산하여 세상모르고 지내다가 1997년 2월 6일에 하산한 게 바로 그것이다.

겨울방학 동안에 나는 호수가 바라보이는 깊은 산중에 묻혀 속진俗塵에 찌들은 나를 털어내기에 여념이 없었다. 남들은 입산수도한 나를 보고 한가로운 한량의 취미생활 정도로 치부할지 모르지만, 이는 천만의 말씀이다.

나는 이른 아침부터 밤늦게까지 나의 녹을 털어내기에

바빴다. 나의 정신이나 육체는 나도 모르는 사이에 타성에 젖은 채 녹이 슬어 있었던 것이었다. 나는 나의 녹을 제거하기에 바빴다.

나는 세속에 때 묻고 녹슬은 나 자신을 대장간 화덕에 집어넣고 풍구로 풀무질을 하여서 벌겋게 달군 다음 망치로 두드리고 두드려서 녹을 제거한 다음 명검을 빚는 기분으로 수도를 하고 있었다.

나 속에는 나 아닌 내가 또 있었다. 사도 바울이 증언한 바와 같이 내 마음은 하느님의 법을 따르려 하지만 내 속에 또 다른 법이 있어서 그것이 죄의 법 아래로 사로잡아 가는 것을 느끼게 된다.

산중에서 수도하는 기간은 본래 내가 아닌 나, 타성에 젖은 비본래적인 나를 버리는 시간이라 할 수 있다. 그것은 본래의 나를 찾아가는 시간이요, 노정인 셈이다.

나는 7일 금식에 들어갔다. 7일 금식은 네 번째 하는 금식이었다. 군대에 입대하기 전에 한번, 군대 생활을 하면서 한번, 제대하고 한번, 그리고 이번에 하게 된 것까지 합하면 네 번이 된다.

군대에서 생활할 때는 수송부 연료계 일도 하였는데 7

일 금식을 하면서도 트럭에서 휘발유 드럼통을 굴려 내리는 등 평상시와 다름없이 근무를 하였었다.

그때는 고참 병장이었기 때문에 사병들이 밥을 타오면 먹지 않으니까 고스란히 남게 되어 그들이 처분하곤 하였다. 이게 소문이 나서 사단사령부에까지 알려지게 되어 군목이 우리 부대를 찾아오기에 이르렀다.

그 군목이 오기 전날 중대장에게 불려가게 되었다. 중대장이 의무실에서 부른다기에 가 보았더니 흰죽을 가리키며 먹으라는 것이었다. 7일 금식 중 5일째 되는 날로 기억되는데 그는 죽을 어서 먹으라고 소리소리 지르는 것이었다.

"황병장! 얼른 먹으래이!"

나는 금식을 중단할 수 없었다. 그는 지휘봉으로 나의 배를 쿡쿡 찌르면서 소리치는 것이었다.

"이 새끼야! 먹으라면 빨리 먹어! 네놈 뒈지는 것은 상관없지만 너 때문에 내가 당하게 생겼어 임마!"

그는 소리소리 질러댔지만 침묵으로 일관하는 나의 고집을 꺾지 못했다. 어느덧 30년 전의 이야기다. 군기가 세다는 3사단 백골부대에서의 추억이 새록새록 되살아난다.

나는 이곳 성산에서 금식을 하면서도 산을 오르내렸다.

산을 오르면 기운차게 구불대던 산맥들이 일제히 열병 분열식을 해 보인다. 엄동설한에 냉수목욕을 하고 호숫가에 서면 나는 하나의 눈잎처럼 가벼워져서 날아갈 것만 같았다.

7일 금식을 마친 후 죽을 먹으려고 마주 앉으면 "하느님 감사합니다" 하는 기도가 저절로 나온다. 눈물도 저절로 흐른다. 나에게 생명줄을 이어주는 그 흰죽 한 그릇이 얼마나 고마운지…….

호숫가에 선인봉이 있었다. 선인봉에는 저녁달이 비스듬히 떠 있었다. 보름달이었다. 그때 마침 어느 노인이 선인봉을 배경으로 보름달 같은 얼굴의 손자를 어깨에 멘 채 오르막을 오르고 있었다.

선인봉과 노인, 보름달과 아기의 얼굴…… 그 두 닮은꼴들을 번갈아 보면서 인간과 자연의 합일合—이라 할까, 동화同和를 보았다.

> 할아버지 어깨 위에서 웃는
> 손자의 얼굴이다.
> 귀가 길 풀짐 위에서
> 웃음꽃 피는 풀꽃이다.

세상에 세상에
저렇게 신바람 나는 춤이
세상 어디 또 있을까.

나는 선인봉 아래에서 대동大同이라는 말을 떠올리고 있었다. 큰 세력이 합동하는 뜻이 있는가 하면, 천하가 번영하여 화평하게 한다는 뜻도 있다. 오늘날이야말로 우리 겨레가 그동안 눈치 보느라 사팔뜨기가 되고, 아부하느라 혀 꼬부라지고, 아첨하느라 지문까지 달아져 버려 줏대 없이 무지문無指紋이 된 연체동물로서 나라를 좀먹는 자가 있다면 하루 속히 청산하지 않으면 안 될 것이다.

남을 탓하기 전에 우리 모두가 "내 탓이오" 하고 참회하면서 자기를 대장간 화덕에 집어넣고 벌겋게 달구어서 망치로 두들겨 녹을 털어낸 다음 다시 명검 보검으로 빚어 만들지 않으면 안 될 것이다. 구릿빛 등살을 드러낸 채 벌겋게 달아오른 쇠붙이를 망치로 내리쳐서 녹을 털고 재생시키는 시골의 대장장이처럼.

선인봉에 오르는 달처럼 티없이 맑게 웃는 옥동자로 다시 태어나지 않으면 안 될 것이다. 할아버지 어깨에 앉은 채

죄도 벌도 모르고 까르르 웃을 줄만 아는 어린 아기처럼, 하늘나라에 갈 수 있다는 그 어린 아기처럼 …….

나의 아버지와 나라님

　　　　　　　나는 나의 아버지를 이 나라 대통령보다도 훨씬 훌륭하다고 생각한다. 나의 아버지는 우선 가장으로서 농부로서 손색이 없다고 생각하기 때문이다. 나의 아버지는 남에게 빚지고 사는 것을 그렇게 싫어하실 수가 없었다. 아무리 어려워도 동짓달 섣달 사이에 빚을 다 갚으셨지, 해를 넘기는 법이 없었다. 그렇게 하시자니 자연 근면하고 검소하게 사는 내핍생활을 하지 않을 수가 없었다. 아버지가 그러시니 우리 가족 구성원 모두가 절약하기 마련이었다.

　나의 아버지는 노변의 도랑에 모를 심으셔서 도랑 농사

도 지으셨다. 물이 벙벙한 도랑에 깔린 자갈을 집어내고 모를 심을라치면 거머리들이 아버지의 그 종아리에 달라붙어서 피를 빨아 먹기 일쑤였다. 노변의 그 도랑 농사는 지어봐야 아버지의 피 값도 안 되는 것을 그 분은 농산물을 그렇게 애지중지 가꾸셨다. 아버지가 그렇게 하시는데 자식이 공부 한답시고 책만 끼고 살 수는 없는 노릇이었다. 나도 거머리에 뜯기울망정 두 발 걷어붙이고 물에 들어가지 않을 수가 없었다.

  나의 아버지는 살림을 규모 있게 하셨다. 봄이면 무턱대고 씨를 뿌리지 않으셨다. 우선 물에 종자를 담그셔서 알곡과 쭉정이를 구분하셨다. 쭉정이 종자를 뿌리는 법이 없었다.

  이 글을 쓰는 나는 지금 세歲밑이라는 시간의 분수령에 위치해 있다. 한 해의 마지막 때인 세밑을 가리켜 설밑이라고 하는가 하면, 연말이니, 세모니, 세만歲晩이라 하기도 하는데, 옛날엔 이 무렵 다듬이질 소리가 한창이었다. 우리들, 아이들의 설빔을 위해서 할머니와 어머니는 새옷을 장만하시고, 아버지는 장에서 신발을 사오셨다.

  그리하여 밖으로는 빚을 갚으시고, 안으로는 설빔으로 새마음을 갖도록 하셨다. 새해를 맞게 되는 세밑에, 빚이 많은 이 나라는 더 큰 빚을 지게 되었다. 그 빚을 지게 되면 나라 살림살이에 간섭을 받는다고 한다. 이래라 저래라 하고 간섭을 받아야 하는 나라 살림이 편할 리 없고, 온전할 리가 없다.

민주화·세계화라는 말이 이렇게 공소空疎할 줄 몰랐다는 아우성이 튀어나오고 있다. 그러나 아우성치는 우리들 모두가 책임이 없는 것은 아니다. 나라 살림을 규모 있게 하지 못한 것은 물론 나랏님을 위시하여 정치가와 관리들의 책임이지만 흥청망청 낭비해온 우리들도 잘못한 것은 마찬가지다.

소 잃고 외양간 고친다는 속담이 있다. 우리는 지금 외양간이라도 고치지 않으면 안 되게 되어 있다. 우리 겨레는 외양간 하나는 잘 고치는 민족이었다. 과거 역사를 보면 그렇다. 집안 싸움, 당파 싸움에 날 새는 줄 모르다가 어찌 되었는가. 임진왜란, 병자호란을 거치고 일본에게 나라까지 송두리 채 빼앗기고는 어떻게 했는가. 빼앗긴 나라를 찾겠다고 목숨 바쳐 싸우지 않았던가. 가정을 떠나 수만리 타지에서 독립운동을 하지 않았던가. 그런데 그 외양간 고치던 사람들은 어찌 되었으며, 그 후손들은 어찌 되었는가. 나라 찾겠다고 목숨 바친 사람들이, 그리고 배우지 못하고 가난에 쪼들린 그 후손들이 물 없는 논에 모포기 말라 비틀어져 꼬이듯 그렇게 꼬여가는 동안에 정치적으로 경제적으로 득세한 사람들은 주로 어떠한 사람들인가.

후안무치라는 말이 있다. 뻔뻔스러워 부끄러움을 모른다는 말이다. 이제는 풀어진 나사부터 조여야 한다. 경제가 비실비실 시들고, 암살자들이 서울을 제집 드나들 듯이 드나드는 판국에서는 풀어진 나사부터 조여야 한다.

적어도 나라를 이끌어갈 지도자는 국가 지도이념이 있어야 한다. 그는 정신적인 조율사여야 한다. 백성들에게서 무슨 소리가 어떻게 들리는지 귀담아들으면서 조율을 세련되게 해나가야 한다. 그동안 이 나라의 조율사는 귀먹은 조율사가 아니면 귀 막은 조율사였다. 당뇨병을 앓는 경제에다가 비실거리는 문화에다가 구멍 뚫린 안보의식에 대한 우려의 소리가 높지 않았던가. 내가 만일 대통령이라면 맨 먼저 할 일이 있다. 민주주의 사회에서 안 될 일이지만, 식수원을 오염시키는 저 북한강 주변의 러브호텔들, 소돔과 고모라성을 방불케 하는 그 괴물들부터 없애겠다.

이상적인 나라는 인체 구조와도 같은 법이다. 신경계통

의 명령에 의하여 사지백체가 움직이듯이, 통일된 하나의 목적을 위해 지향하지 않으면 안 된다. 나라가 빚에 쪼들리는 판국에 아직도 골프군 러브호텔면 가든리로 유흥 천국을 이룬대서야 될 말인가.

  나의 아버지는 나에게 땡전 한 푼 물려주지 않은 채 일찍 돌아가셨다. 그래도 나는 그분을 존경하고 사랑한다. "너는 이 나라의 자식이지 내 개인의 자식이 아니야" 아버지의 이 말씀대로, 아버지를 일찍 여의고 소년가장이 된 나는 내가 없어서는 안 될 어려운 상황에서도 군대에 입대하여 백골부대에서 병장으로 제대했었다. 오는 2월 하순에 취임하게 될 이 나라 대통령은 대한민국 국군 통수권자인 동시에 최고 수문장으로서, 나의 아버지처럼 자기 자식에게도 "너는 이 나라의 자식이지 내 개인의 자식이 아니야"라고 말할 수 있고, 실천하는 사람이기를 바란다.

페치카 당번병

　　논산훈련소에서 훈련을 마친 후 보충대를 거쳐 최전방 백골부대에 배속된 때는 영하 30도를 오르내리는 한겨울이었다. 마치 백인들에 의해 낯선 곳으로 끝없이 실려 가던 쿤타킨테처럼, 뽀얀 흙먼지를 일으키면서 북으로 북으로 내달리기만 하는 군용트럭에 실린 채 전방 부대에 실려 와서는 운전 교육을 받았고, 거기에서 또다시 북쪽으로 실려 가서 중부전선 오성산 밑 금화 아래 와수리니 신수리니 하는 곳에서 여장을 풀게 되었다.

　　이등병인가 일등병인가 아무튼 내가 제일 졸병이었기 때문에 처음으로 내가 맡은 임무는 페치카 당번이었다. 앞서 하던 페치카 당번병이 첫 휴가를 갔기 때문에 페치카는 천상 내 차지가 될 수밖에 없었다.

페치카 당번병이 하는 일이란, 우선 산에서 얼어붙은 나뭇가지를 꺾어다가 불을 지피고, 거기에서 얻어진 숯불 위에 물로 반죽한 탄가루를 깔아 덮고 구멍을 내어 놓는 일이었다. 밤이나 낮이나 시간을 맞춰서 쇠꼬챙이로 탄똥을 빼어내고 탄가루에 물을 붓고 짓이겨서 조심스럽게 깔고 구멍을 내어놓는 일의 되풀이는 여간 신경이 쓰이는 일이 아니었다.

만일 불을 꺼트리기라도 하게 되면 내무반 막사는 말이 아니기 때문이었다. 수송부 요원들이 운전을 나갔다 돌아오면 으레껏 그 기름때 묻은 세탁물을 벗어 던지면서 빨아 놓으라는 것이었다. 병장이나 상병들이 시키는 일을 신참내기 졸병이 하지 않을 수 없었다. 산더미처럼 벗어 던져놓은 군복을 빨기 위해 달아오른 페치카에 물부터 데울 요량으로 바께스를 들고 계곡으로 내려가 땡땡 얼어붙은 얼음을 깨고 물을 길어 와야 했다.

탄가루 먼지를 온통 뒤집어썼기 때문에 우선 세수부터 하려고 곡괭이로 깨어낸 얼음장 사이로 물을 움켜 얼굴에

부비면 금세 눈썹이 얼어붙어서 눈이 떠지지 않는 것이었다. 양 손등을 두 눈에 대면 눈썹에 얼어붙어서 떠지지 않던 눈에 얼음이 녹아 풀리면서 눈물 절반 얼음물 절반이 눈언저리께에서 주르르 흘러내리는 것이었다.

페치카 당번병으로 있는 나의 행색을 말할 것 같으면, 말이 좋아 군인이지 꼴로 보아주기 힘든 몰골이었다. 탄재가 뿌옇게 내려앉은 누비옷에다가 볼 밑으로 내려뜨리면 끈으로 묶어 맬 수 있는 그 감자막 같은 모자를 쓰고 있었으니 어머니나 누이 동생이 보았다면 기절초풍할 노릇이었다. 그런 누비옷에 백골 마크만이 국군이라는 소속을 표하고 있었다. 빨간 바탕에 두 눈자리에 퀭한 구멍 뚫린 해골이 있고, 그 해골 밑으로는 뼈다귀 두 개가 엑스(X)자로 그 해골을 받치고 있는 마크였다.

강추위가 몰아치는 한겨울엔 내무반에서 정신교육이라 할까 정훈교육을 받게 되는데, 한번은 나도 그 교육을 받기 위해서 페치카 아궁이에 탄을 갈고 내무반으로 마악 들어가는 참이었다. 교육하러 들어오던 중대장께서는 나를 보시더니 "황일병, 네가 교육해 볼래?" 하시는 것이었다. 천만 뜻밖의 일이었다. 지극히 짧은 순간에 나는 나도 모르게

"네, 그래보죠" 하고 수월하게 말했다.

중대장은 나를 빤히 쳐다보시더니 "그래? 그럼 네가 해 봐" 하고 지시하는 것이었다. 그리하여 백골 마크가 새겨진 누비옷에다가 감자막 같은 모자를 위로 올려 묶은 차림새 그대로 소위 페치카 당번병이 강의를 하게 되었다. 교육 내용은 태극기에 관한 것이었는데, 나는 태극기의 근원인 주역을 풀이해 가면서 쉬지도 않고 두시간을 떠들고 났더니 그 중대장은 페치카 당번을 당장 집어치우고 교육계를 보라고 하여 그 다음날부터 페치카 당번병을 면하게 되었다.

강의 한번 하고 행정반으로 자리를 바꾸다니, 나도 어안이 벙벙할 정도였으니 지금 생각해도 기가 찰 일이었다. 인생이란 이렇게 변화무쌍한 것이어서 길흉화복이니 새옹지마니 하는 말들이 심심찮게 나도는 지도 모른다.

지금은 어쩐지 모르지만, 그 때는 걸핏하면 계급이 하나만 높아도 "황일병, 담뱃불 붙여와!" 하면 페치카에 가서 담뱃불을 붙여 주어야 했고, 고린내 나는 양말을 빨라면 어김없이 빨아 가지고 고슬고슬 말려 주어야 했다.

그 당시 연애편지도 많이 써주었는데, 그 편지 서두를 장식하던 구절처럼 세월은 정말 유수와도 같은 것이어서 나는 대학교수가 되어 휴학계를 내고 군에 입대하는 학생들, 그 청춘의 오전에 있는 학생들을 노을의 눈빛으로 보내면서 꼭 해주는 한마디의 말이 있다.

우리 국문학과 남학생들이 군에 가려면 반드시 학과장으로 있는 나의 연구실로 찾아와서 휴학계에 도장을 받아가게 되는데, 나는 도장을 찍어줄 때마다 성공의 비결은 찬스, 즉 기회를 잘 붙들어야 한다는 미국의 강철왕 카네기의 지론과 함께 '인욕忍辱'이라는 두 글자를 써주면서 무슨 일이 있어도 욕된 것을 참을 줄 알아야 한다고 강조했다. 상관이 발가락을 핥아라 하면 핥는 시늉이라도 해야 무사히 제대할 뿐 아니라 그렇게 잘 참고 자기를 이길 수 있는 사람이라야 큰 사람이 된다고 동양적 인간형인 호연지기를 강조하기도 했다.

페치카 당번병으로 있을 때 우연한 순간에 졸병의 몸으로 강의를 하게 된 것은 지극히 짧은 순간의 결정이었다. 그 지극히 짧은 순간에 강의를 하겠다고 대답하지 않았다면 나의 진면목을 발휘하지 못했을 것이다. 이러한 순간적인 결정은 아무래도 중학시절에 읽었던 카네기의 『인생독본』에 영향 받은 바가 크다. 인간은 누구에게나 기회가 있다고 했다. 기회는 시간성을 띄기 때문에 우물쭈물하면 지나가 버린다고도 했다. 이것이 기회라고 느껴지는 순간에 붙들어야 한다는 그 말 한마디가 나의 일생을 좌우하기도 했다.

웃기네

언제부터인가 소위 '웃기네'라는 말이 유행처럼 나돌던 때가 있었다. 요즈음도 그 '웃기네' 소리가 아주 사라진 것은 아니지만 그래도 그 말의 전성기에 비하면 그 기세가 약화된 게 사실이다.

웃기네, 웃기네 하는 이 말은 우선 불신에서 오는 말임을 알 수 있다. 믿어 마땅할 것을 믿지 못하게 될 때, 그의 말은 반어로 뒤틀려 나오게 된다. 그래서 걸핏하면 웃기네, 웃기네 하며 조소를 날리게 된다.

그런데, 정말 웃기는 것은 그 '웃기네'라는 말을 함부로 지껄여대는 사람들은 대개 타인으로부터 그 '웃기네' 소리를 듣고도 남을 만한 사람들이라는 점이다. 이것은 마치 남의 말더듬이 흉내를 내다보면 그도 말더듬이가 되어 버리는 경우와 흡사한 얘기가 된다.

언젠가 자기의 아버지를 머슴이라고 소개한 일본 유학생이 있었다. 귀국길에 달고 온 연인에게 그는 그렇게 둘러대었던 것이다. 그 애인 역시 동경 유학을 마친 신여성이었는데 그녀를 자기 집으로 데리고 왔을 때, 그의 아버지는 들에서 마악 돌아오는 참이었다.

남루한 옷차림으로 허름한 지게를 지고 사립문을 들어서는 농부를 가리키면서 저 사람이 누구냐고 그녀가 물었을 때, 창피한 생각을 갖게 된 그 째째한 자식놈은 제 아버지를 보고 엉겁결에 자기 집 머슴이라고 둘러댄 것이었다.

손발이 부르트도록 애지중지 피땀 흘려 가꾼 농산물을 팔아 학비를 대다가 논밭까지 팔아 가면서 외국 유학까지 보냈건만 사람다운 사람이 되어온 게 아니라 졸장부가 되어온 것이었다. 참으로 웃기는 이야기가 아닐 수 없다. 이러한 경우를 가리켜 자식 농사 떡 쪄 먹고 시루 엎었다고들 한다. 모두 그 유학생을 가리켜 '웃기네' 하고 비웃었을 것이다.

그런데 '웃기네' 하고 비웃게 되는 우리들 자신부터가

웃기는 놈이요 한심한 놈들이라는 데에 문제가 있다. 어려운 살림을 꾸려가면서도 자식만은 훌륭한 인물을 만들어 보려고 빚을 져가면서도 꼬박꼬박 학비를 대어주시는 아버지에 대해서 어떻게 생각하는가.

나로 하여금 이 세상에 존재케 하신 부모님, 우리 겨레를 존재케 하신 단군 할아버지, 한글을 창제하신 세종대왕, 이 나라를 피흘려 지킨 순국선열, 전몰장병, 나의 인격을 도야하게 해준 모교의 스승, 그리고 친구 친지 등에 이르기까지 얼마나 감사하며 살아가고 있는지 모른다.

혹시 아버지나 어머니에 대해서 무식하다고 불평한 적은 없는가. 단군성전 건립 문제에 대하여 미신숭배라고 언짢아하지는 않았는가. 영어사전과 국어사전 중 어느 것을 자주 사용하는가. 우리 글 틀리는 것은 예사롭고 영어 단어 틀리는 것은 부끄럽게 생각하지는 않았는가.

이러한 물음에 대하여 선뜻 명료한 대답을 하지 못한다면 그 역시 '웃기네' 소리를 들을 수밖에 없는 웃기는 놈이 아닐 수 없다.

"여보세요, ○○○씨죠?"

"네, 그런데요."

"동창회보와 주소록을 우송해 드리려 하는데 사무실로 보내드릴까요?"

"아닙니다. 그럴 필요 없어요."

"그럼, 댁으로 부쳐드리지요. 집주소를 알려주시겠습니까?"

"그럴 필요는 없어요. 곧 이사를 가니까 부치지 마시오."

"그럼, 밀린 회비도 받을 겸 지금 사무실로 찾아가겠습니다."

"그럴 필요 없다니까."

"뭐? 그럴 필요 없어? 너 이 새꺄! 거기 기다려! 쫓아가서 대갈통을 깨부숴놓을 테니까!"

이와같이 아주 사소한 동창회의 경우만 보아도 회비 몇 푼 내기 싫어서 미꾸라지처럼 요리조리 매끄럽게 빠지려고 드는, 참으로 웃기는 놈들을 얼마든지 보게 된다.

나라를 위해서 진정으로 애국한 분들은 초야에 묻혀 지내기 마련이다. 먼저 죽어간 동지들도 많은데 살아있는 게 부끄럽다고 하면서 나타나려고 하지 않는데 비하여 적당히 눈치껏 시류를 잘 타서 부귀와 공명을 누리는 자들은 부끄러운 줄도 모르고 오히려 애국자연하면서 그 웃기는 꼴을 연출하는 것이었다.

독립유공자가 왜놈 앞잡이 노릇하던 친일 매국노에게서 훈장을 받을 때 그의 마음 밑바닥에서는 그 웃기네 소리가 저절로 튀어나오기 마련이고 애국지사를 잡아 족치던 일제의 족제비 눈깔이 어느 겨를에 교육자로 둔갑을 하여 품위 지키느라고 점잔을 빼는 꼴을 보게 될 때에도 그 웃기네 소리가 저절로 튀어나오게 되었던 것이다. 그러니 여러 말 할 것 없이 우리 사회에서 불신이 잉태한 그 '웃기네' 소리가 사라지게 하려면 모든 일이 정한 이치로 즉 사필귀정으로 돌아가야 한다.

우선 모든 사람은 적재적소에서 자기가 맡은 임무에 충실해야 한다. 학생은 공부하고 선생은 가르치고 국군은 나라 지키고 정치인은 정치하는 그 적재적소가 제대로 이루어지게 될 때 그놈의 '웃기네' 소리는 맥을 못 추고 자취를 감추게 될 것이다.

내가 보기에는

건국의 근본정신은 개천開天의 홍익인간에서 찾아야 하고, 건국일은 마땅히 단군이 개국하여 왕위에 오른 해를 원년으로 잡은 우리나라의 단군기원을 찾아 세워야 한다. 이는 예수 탄생의 서력기원보다 2333년이 앞선 연대를 말한다. 그동안 왜풍에 밀리고, 양풍에 밀린 우리들은 국조 단군을 미신이라 말살한 외래의 종교와 문화에 밀려서 나라 세운 조상을 망각하고, 나라의 생일을 잊은 채 서력기원이라는 남의 나라 생일을 빌려 쓰고 있으니, 이래 가지고 어떻게 자주 국가 자주 국민이라 할 수 있겠는가.

언젠가 서울시에서 건립하려던 단군성전을 기독교인들이 미신을 숭배할 수 없다고 반대하여 중단시킨 일이라든지, 사찰을 불 지르는가 하면, 장승을 톱으로 자르고, 한글날은 국경일에서 제외시키는 등 우리의 고유한 정신 문화 유산을 말살해온 것도 같은 맥락에서 파악되는 것들이다. 부모가 없는 사람은 없지만, 부모를 잃었거나 버려서 그 부모와 상관없는 이를 가리켜 '고아'라고 한다.

오늘날의 한국인은 부모로부터 버림받은 고아가 아니라 부모를 버림으로써 스스로 자초한 고아들이다.

나라를 세운 분도 모르고, 나라의 생일도 찾지 않는 그런 천애天涯의 고아孤兒가 무슨 복을 받겠다고 하는지, 천앙天殃을 받고서도 정신을 차리지 못하고 있는 것이다. 이제 그릇된 과거를 자성하고 청산해야 한다. 기원을 표기할 때에는 반드시 단군기원을 쓴 다음, 서력기원은 괄호 안에 써넣기를 제언하고자 한다.

반만년이라는 유구한 역사와 전통문화를 지녀온 우리가 스스로 그 역사를 토막 내고 우리의 건국 원년을 망각한 채 외래의 것에 길들여진대서야 어디 말이 되는가. 어제는 남의 장단에 놀아났지만, 오늘은 내가 누구인지 제 정신을 차려야 할 일이다.

정부수립 50주년을 맞는 식전의 경축사에서 김대중 대통령은 미래 지향적인 새로운 패턴의 전환을 위하여 우리 사회 전반적인 질을 강조했다. 그는 4천 5백만 국민의 대통령이자 7천만 국민의 참다운 대통령다운 대통령이 되기 위하여 국민에게 새로운 비전을 제시하고 실천에 옮길 것을 역설했다. 그런데 이 제2건국을 위한 3대 실천원리와 3대 지침, 6대 국정과제에서 그 원동력이 될 만한 지도 이념이 나와 있지 않았다. 이렇게 해야 한다거나 하겠다는 말은 있으나 움직임의 원동력이 되는 국정철학과 역사관의 원동력이라는 원리적 불씨가 보이지 않은 게 아쉽다.

그것은 가령, 우리가 보편적 세계주의를 지향하되 우리의 창의적이고 건설적이며, 순기능적인 민족주의를 세계주의와 어떻게 균형 있게 조화시켜 나가느냐 하는 방향성을 의미하는 나침반 같은 것이다. 그것은 진리에 근원을 드리운 영원성과 보편적 진리로서의 나침반이다.